PE. VALTER MAURÍCIO GOEDERT

Põe a semente na terra

Reflexões para aumentar sua fé

EDITORA
SANTUÁRIO

Dados Internacionais de Catalogação na Publicação (CIP) de acordo com ISBD

G594p Goedert, Valter Mauricio

Põe a semente na terra: reflexões para aumentar sua fé / Valter Mauricio Goedert. - Aparecida, SP : Editora Santuário, 2021.
184 p. ; 14cm x 21cm.

ISBN: 978-65-5527-070-9

1. Religião. 2. Cristianismo. 3. Homilia. 4. Fé. I. Título.

2021-35 CDD 240
CDU 24

Elaborado por Odilio Hilario Moreira Junior - CRB-8/9949

Índice para catálogo sistemático:
1. Religião: Cristianismo 240
2. Religião: Cristianismo 24

1ª impressão

Rua Pe. Claro Monteiro, 342 – 12570-000 – Aparecida-SP
Tel.: 12 3104-2000 – Televendas: 0800 016 00 04
www.editorasantuario.com.br
vendas@editorasantuario.com.br

Apresentação

Pe. Valter Maurício Goedert celebrou o jubileu de ouro presbiteral no dia 18 de julho de 2020. Foram 50 anos de ministério sacerdotal, dedicados especialmente à Arquidiocese de Florianópolis, onde nasceu, ordenou-se e está vivendo. Entre as atividades que exerceu, destaca-se seu trabalho na formação dos novos presbíteros. Dedicou-se ao acompanhamento formativo, exerceu também o magistério no curso de teologia. É formado na área de liturgia. Bem conhecida é sua atuação junto aos diáconos permanentes. Organizou e coordenou por muitos anos, até os dias de hoje, a escola diaconal na Arquidiocese. Tem ajudado a implantar escolas diaconais em várias dioceses do Brasil. Está, há muitos anos, exercendo a capelania, na igreja Divino Espírito Santo.

Pe. Valter quis marcar a celebração dos 50 anos de vida presbiteral com a publicação de um livro. Selecionou 50 textos bíblicos. São reflexões que fez durante sua vida de padre, temas que iluminaram sua caminhada. Foram fagulhas que se tornaram um clarão à sua frente. À luz da Palavra de Deus, foi entendendo sua vida, a vontade de Deus e sua missão como presbítero. "Nossa vida é uma paisagem onde Deus se vê" (José Tolentino, *A mística do instante*). O último tema é sobre a gratidão. É o sentimento que domina a comemoração dos 50 anos de sacerdócio.

A celebração de um jubileu é tempo propício para fazer memória da caminhada. Pe. Valter tem oportunidade de visitar muitos acontecimentos, realizações de sua vida. Ao recordar os fatos de sua história é investido dos mesmos sentimentos que estavam presentes quando estes aconteceram. Recordar os acontecimentos e contar as memórias estimula a viver. Passamos boa parte da vida contando nossas histórias. Marcel Proust já escrevia que "a verdadeira viagem de descoberta não consiste em buscar novas paisagens, mas em adquirir um novo olhar" (Do lado de Swann).

Ao ler as meditações do Pe. Valter, contemplamos as mesmas paisagens que um dia deram significado a sua vida. O contato com a Palavra de Deus iluminará igualmente o caminho de todos os leitores. A sabedoria não se transmite, é preciso que nós a descubramos fazendo uma caminhada que ninguém pode fazer em nosso lugar e que ninguém pode impedir, porque a sabedoria é uma maneira de ver as coisas. Pe. Valter fez memória de sua vida e "viu que tudo é muito belo" (Gn 1,31). Por tudo que recebeu de Deus, tem o coração agradecido.

Pe. Antônio Vieira já dizia: "Os olhos têm dois ofícios, os outros sentidos só um – ver e chorar" (Sermão das Lágrimas). O modo como choramos nos define. E choramos sempre para que os outros vejam. As lágrimas vêm do coração, revelam aquilo que foi intensamente vivido. É o que podemos dizer das meditações contidas neste livro. "Pelas minhas lágrimas conto uma história" (Rolando Barthes).

Faço, em nome da Arquidiocese de Florianópolis, as saudações pelo jubileu de ouro sacerdotal. Agradeço a presença entre nós e a vida de padre na Arquidiocese. Uno-me ao Pe. Valter na oração de agradecimento a Deus por tudo que realizou em sua vida e por meio de seu ministério presbiteral.

D. Wilson Tadeu Jönck
DD. Arcebispo Metropolitano de Florianópolis

Mensagem do Jubileu

Na missa celebrada em ação de graças na igreja
Divino Espírito Santo, em Florianópolis, em 18 de julho de 2020.

"Eu te louvo, ó Pai, Senhor do céu e da terra, porque escondeste essas coisas aos sábios e entendidos, e as revelaste aos pequeninos. Sim, ó Pai, porque assim foi de teu agrado" (Lc 10,21).

Eu te dou graças, ó meu Deus e Pai, pelo dom da vida, pela graça do batismo, por todas as tuas graças no transcorrer de minha vida, pela graça da vocação presbiteral, sempre desejada desde criança, mas jamais merecida.

Agradeço por meus pais Francisco e Filomena, por meus irmãos aqui presentes (e aos que o Senhor já levou para junto de si na glória), por meus sobrinhos e primos, por todos os parentes e amigos. Agradeço a Deus por meus padrinhos de batismo e de ordenação presbiteral, Martim Goedert e Olga Prost Goedert, já na glória do Pai Celeste. Graças te dou por meus professores, desde o curso primário em Barra Clara, depois no seminário de Azambuja, e os demais professores dos estudos filosóficos e teológicos.

Sou particularmente grato aos professores e alunos da Faculdade Católica de Santa Catarina (Facasc) pela amizade e compreensão. Agradeço a Dom Wilson Tadeu Jönck, nosso Arcebispo Metropolitano; a Dom Vitus Schlickmann, Bispo Emérito; aos queridos Padres; aos amados Diáconos Permanentes com os quais convivi grande parte de minha vida, pelo afeto e pela colaboração oferecida carinhosamente em toda a minha vivência presbiteral.

Lembro particularmente (*in memoriam*) Dom Joaquim Domingues de Oliveira, Dom Afonso Niehues, que me ordenou sacerdote; Dom Albano Cavallin, meu espiritual no Seminário Maior Rainha dos Apóstolos, em Curitiba, Paraná; Monsenhor Francisco de Sales Bianchini; Pe. Paulo Bratti; Pe. Ney Brasil Pereira e Pe. Evaristo Debiasi, todos reunidos já na Casa do Pai. Saúdo os padres de outras dioceses, meus amigos de seminário e ex-alunos. Aos seminaristas, meus amigos de todas as horas, eterna gratidão. A todas as religiosas, os religiosos, aos leigos e as leigas, aos participantes da Equipe Nossa Senhora do Perpétuo Socorro; à Irmandade do Divino Espírito Santo, com quem compartilhei momentos preciosos do meu ministério presbiteral, muito obrigado. Obrigado às Irmãs da Divina Providência a quem muito devo, por sua amizade e acolhimento. Sou grato, de modo especial, ao Professor Carlos Martendal. Por suas mãos passaram todos os meus escritos. A todos que Deus colocou em minha vida e que me ajudaram a viver meu sacerdócio, meu sincero agradecimento. Perdão se me esqueço de alguém em particular. A todos, minha gratidão.

Celebrar um Jubileu é, acima de tudo, recomeçar. Sim, recomeçar; não repetir o que se fez no passado. Não penso que, se eu tivesse que reiniciar meu ministério presbiteral, devesse agir exatamente como agi. Não. É preciso fazer melhor, com mais ardor, com mais decisão, com muito mais entrega a Deus e aos irmãos. Sempre é possível fazer mais e melhor com a graça de Deus, que nunca nos falta.

Celebrar o jubileu é elevar os olhos como Cristo e glorificar o Pai: "Eu te louvo, ó Pai, Senhor do céu e da terra, porque escondeste essas coisas aos sábios e entendidos, e as revelaste aos pequeninos. Sim, ó Pai, porque assim foi de teu agrado" (Lc 10,21).

1
Saiu o semeador

"O semeador saiu a semear. Enquanto semeava, algumas sementes caíram à beira do caminho... Outras sementes caíram em terreno pedregoso... Outras sementes caíram no meio de espinhos... Outras sementes, porém, caíram em terra boa... Quem tem ouvidos, ouça" (cf. Mt 13,1-9).

Conta uma história que uma professora morava em uma pequena cidade da Suíça e lecionava em cidade vizinha. Todos os dias, pela manhã, pegava o trem, para ir lecionar, e retornava à tarde. A viagem durava uma hora apenas, mas ninguém gostava de passar em um desfiladeiro, entre as montanhas, cheio de pedras e espinhos em ambos os lados da ferrovia. Era uma viagem muito triste. Um dia, contudo, a professora teve uma feliz ideia. Comprou sementes de flores, de várias espécies e cores, e começou a espalhar pela janela do trem, de ambos os lados do desfiladeiro. Passados alguns meses, as sementes brotaram e o trajeto tornou-se um imenso jardim, lindo de se ver. Tudo ficou tão bonito que até os turistas começaram a chegar para apreciar o espetáculo das flores.

Jesus, o divino semeador, passou a vida semeando amor e gestos de bondade. Anunciou o Reino, curou os enfermos, abençoou as crianças, perdoou os pecadores e ressuscitou mortos. Semeou o bem. Nem todas as sementes caíram em terra boa e produziram os frutos desejados. Não importa. Incansavelmente ele semeou o bem. Fez tanta gente feliz, trouxe paz a tantos corações, felicidade a tantos lares! Encaminhou pessoas perdidas no desespero de seus sofrimentos, reconduziu as ovelhas perdidas à segurança do redil. Deu sua vida por todos nós, e nos deixou sua palavra de salvação e seu Corpo e Sangue na eucaristia. Continua, ainda hoje, a semear por intermédio de cada um de nós, por sua Igreja. Jesus é o divino semeador!

Quantas sementes de amor ele semeou em nossa vida, regou com seu sangue, esperando bons frutos. Que tipo de terra preparamos para receber suas sementes? Onde caíram seus gestos de amor, suas graças, sua redenção? Nossa vida está repleta de inumeráveis dons do Senhor. Não nos faltaram provas de seu amor. Em que terreno deixamos as divinas sementes cair?

Também nós somos semeadores, discípulos do bom semeador. Ele nos enviou pelo mundo a semear seu evangelho, a curar os doentes de espírito e de corpo, a acolher os desvalidos, a dar esperança aos desiludidos e coragem aos que erram. Não podemos desanimar diante de um mundo que se torna terra improdutiva, cheia de pedras e espinhos, onde a semente tem dificuldade de brotar. É preciso semear. *Põe a semente na terra, não será em vão; não te preocupe a colheita, plantas para o irmão,* dizia o saudoso poeta e músico José Acácio Santana. “Assim, nem o que planta é alguma coisa, nem o que rega, mas só Deus que faz crescer. O que planta e o que rega são iguais, cada um receberá a sua recompensa, segundo seu trabalho” (1Cor 3,7-8).

Tudo o que se planta colhe-se em maior quantidade. Faça o bem, sem olhar a quem. A abundância da colheita está nas mãos de Deus; nas nossas, está o plantio. Saiu o semeador a semear a boa semente! Você tem a vida inteira para semear, e toda a eternidade para colher. Não pense na colheita; pense na semeadura.

Quando o Senhor vier para nos colher deste mundo e nos semear na glória de seu Reino, seremos lindas flores de seu jardim. Ele nos acolherá e dirá: "Vinde, benditos do meu Pai, tomai posse do Reino que vos está preparado desde a criação do mundo" (Mt 25,34).

Salmo 125

Trazei de volta, Senhor, nossos cativos
como as torrentes do Negueb.
Quem semeia entre lágrimas
colherá com alegria.
Quando vai, vai chorando,
levando a semente do plantio;
mas quando volta, volta alegre,
carregando seus feixes.

2
Perfeitos como o Pai

"Sede perfeitos como vosso Pai celeste é perfeito"
(Mt 5,48).

O Concílio Vaticano II, comentando a vocação universal à santidade de todos os cristãos, afirma: "É, pois, bem claro que todos os fiéis, seja qual for seu estado ou classe, são chamados à plenitude da vida cristã e à perfeição da caridade. Por esta santidade se promove, também na sociedade terrena, um teor de vida mais humano. Empreguem os fiéis as forças recebidas segundo a medida da dádiva de Cristo, para alcançar esta perfeição, a fim de que, seguindo os seus exemplos, tornando-se conformes à sua imagem e obedecendo em tudo à vontade do Pai, dediquem-se à glória de Deus e ao serviço do próximo. Assim a santidade do povo de Deus crescerá oferecendo abundantes frutos, como o demonstra brilhantemente, através da história da Igreja, a vida de tantos santos" (LG 40).

A busca da santidade, embora seja inicialmente um caminho pessoal, é também uma tarefa comum de todos os cristãos. Cada cristão é particularmente chamado a ser santo, porque "a vontade de Deus é a vossa santificação" (1Ts 4,3; Ef 1,4). "Cada um, segundo os dons e as funções que lhe foram confiados, deve enveredar sem hesitação pelo caminho da fé viva, que excita a esperança e opera pela caridade" (LG 41). Toda a Igreja é chamada à santidade.

"Por conseguinte, todos os fiéis santificar-se-ão dia a dia, sempre mais, nas diversas condições de sua vida, nas suas ocupações e circunstâncias, e precisamente através de todas estas coisas, desde que as recebam com fé, das mãos do Pai celeste, e cooperem com a vontade divina, manifestando a todos, no próprio serviço temporal, a caridade com que Deus amou o mundo" (LG 41). Os meios para alcançar a santidade são a caridade, os sacramentos, em particular a eucaristia, a leitura e a meditação da palavra de Deus, a vida de oração, a vivência dos conselhos evangélicos, o compromisso com a construção de uma sociedade mais humana e justa, o empenho pastoral, a dedicação aos mais necessitados e empobrecidos, o amor a todos, sem distinção. Que todos tenham os mesmos sentimentos que havia em Cristo Jesus, ele que "se despojou a si próprio, tomando a condição de escravo... feito obediente até a morte" (Fl 2,7-8), e por causa de nós "se fez pobre, ele que era rico" (2Cor 8,9).

Acrescenta o Papa São João Paulo II: "Como o Concílio explicou, esse ideal de perfeição não deve ser objeto de equívoco, vendo nele um caminho extraordinário, percorrido apenas por algum *gênio* da santidade. Os caminhos da santidade são variados e apropriados à vocação de cada um" (*Novo millennio ineunte*, n. 31). Em todas as situações de vida é possível ser santo. Há tantos santos que não foram oficialmente reconhecidos pela Igreja, mesmo nos dias de hoje. Por isso a própria Igreja celebra uma festa dedicada a todos os santos, canonizados ou não.

Jesus quer que seus discípulos sejam santos no amor: "Amai-vos uns aos outros como eu vos amei. Somente assim podereis ser reconhecidos como meus discípulos" (Jo 13,34-35). Esse caminho não pode ser percorrido sem a graça de Deus. O Espírito Santo de Deus nos torna santos. Precisamos ter o coração aberto ao sopro do Espírito, para que ele realize em nós as maravilhas que realizou sobre os apóstolos no dia de Pentecostes.

Seguir a Cristo exige mudança de atitude. É preciso deixar o *homem velho e revestir-se do homem novo* (Ef 4,22-24). Trata-se de uma renovação contínua de nosso coração. Não seremos capazes de despir-nos do velho homem nem de revestir-nos do novo, se não estivermos sendo constantemente renovados pelo Espírito Santo. Cristo "vos vivificou, estando vós mortos em ofensas e pecados, em que noutro tempo andastes, seguindo o curso deste mundo, seguindo o príncipe das potestades do ar, do espírito que agora opera nos filhos da desobediência" (Ef 2,1-2). Com o novo nascimento, em Cristo, justificados por ele, revestidos dele, teremos então condições de caminhar em espírito e verdade. Andar como ele andou.

O cristão é convidado a conviver com seus irmãos não segundo a justiça, mas segundo o amor, que "tudo sofre, tudo crê, tudo espera, tudo suporta" (1Cor 13,7). A santidade está no seguimento de Jesus. Afirma José Antonio Pagola: "Seguir Jesus é crer no que ele acreditou, dar importância ao que ele deu importância, interessar-se pelo que ele se interessou, defender a causa que ele defendeu, olhar as pessoas como ele as olhou, aproximar-nos dos necessitados como ele o fez, amar as pessoas como ele as amou, confiar no Pai como ele confiou, enfrentar a vida com a esperança com que ele a enfrentou. Os primeiros cristãos entenderam a vida cristã como uma aventura constante de renovação, o ir fazendo de si mesmo *um ser humano novo*" (*O Caminho aberto por Jesus, Evangelho de Mateus,* Petrópolis, Vozes, 2013, p. 61).

O modelo do justo
Salmo 14(15)

Aquele que é íntegro em sua conduta e pratica o que é justo, que de coração fala a verdade
e não usa a língua para difamar, que nenhum mal faz ao seu semelhante e não lança calúnia contra o seu próximo,
que rejeita quem merece desprezo, mas honra os que temem ao Senhor, que mantém a sua palavra, mesmo quando sai prejudicado,
que não empresta o seu dinheiro visando ao lucro nem aceita suborno contra o inocente. Quem assim procede nunca será abalado!

3
Por que choras?

"Maria Madalena se encontrava do lado de fora, perto do sepulcro, e chorava. Chorando, inclinou-se para olhar dentro do sepulcro. Viu dois anjos vestidos de branco, sentados onde estivera o corpo de Jesus, um à cabeceira e outro aos pés. Eles perguntaram: 'Mulher, por que choras?' Ela respondeu: 'Porque levaram o meu Senhor e não sei onde o puseram'"
(Jo 20,11-13).

É bem difícil caminhar com uma pessoa que está em meio à dor e ao sofrimento; o sentimento de impotência é real e enorme. No entanto, Deus não deseja que sejamos vencidos pela dor. Não podemos confiar apenas em nossas forças humanas. Precisamos do Espírito de Deus que nos ilumina e fortalece. Nos momentos de dor, Deus nos prepara para a cruz, a fim de nos purificar e nos conduzir à ressurreição.

Diante dos sofrimentos da vida presente, São Paulo exorta: "É Cristo quem morreu, ou antes quem ressuscitou dentre os mortos, o qual está à direita de Deus, e também intercede por nós. Quem nos separará do amor de Cristo? A tribulação, ou a angústia, ou a perseguição, ou a fome, ou a nudez, ou o perigo, ou a espada? Como está escrito: 'Por amor de ti somos entregues à morte o dia todo; somos reputados como ovelhas destinadas ao matadouro!' Mas em todas essas coisas somos mais do que vencedores, graças àquele que nos amou" (Rm 8,34-37).

Nos tempos de crise, Deus está conosco e a nossa dor não paralisa a vida do espírito em nós. Ele nos acompanha em todos os momentos de nossa vida. Somente ele é capaz de enxugar nossas lágrimas, transformando-as em redenção. O sofrimento provoca muitas mudanças em nós. Jesus passou por toda sorte de sofrimentos; ele entende todas as nossas dores. Os sofrimentos de Jesus transformam nossas dores em alegrias pascais na manhã da ressurreição. Talvez o tempo de hoje seja seu momento de entregar-se aos cuidados de Deus e esperar.

Por que choramos? Por quem choramos? Lamentamos apenas as perdas de nossa vida? A morte de um parente próximo, de um amigo íntimo, de uma pessoa que foi importante em nossa vida, alguém que sempre esteve a nosso lado? Somos capazes de chorar pelas perdas espirituais, quando nos sentimos longe de Deus, perdidos nos laços do pecado, sem perspectiva de uma vida nova na amizade com Deus pela força de seu santo Espírito?

Maria chorou por amor ao Senhor e o encontrou. A prioridade da busca dela era a presença do Senhor. Ele pede apenas que busquemos em primeiro lugar seu Reino e sua justiça e todas essas coisas nos serão acrescentadas (Mt 6,33). A busca de Deus deve ser o motivo principal de nossas lágrimas. É preciso não derramar lágrimas em vão.

João escreve no Apocalipse: "Estes são os que vieram da grande tribulação, e lavaram as suas vestes e as branquearam no sangue do Cordeiro. Por isso estão diante do trono de Deus, e o servem de dia e de noite em seu templo; e aquele que está assentado sobre o trono os cobrirá com a sua sombra. Não mais terão fome, nunca mais terão sede; nem sol nem calor algum cairá sobre eles. Porque o Cordeiro, que está no meio do trono, os apascentará e lhes servirá de guia para as fontes das águas da vida. E Deus limpará de seus olhos toda lágrima (Ap 7,14-16).

Há lágrimas de incredulidade. Eram, no início, as lágrimas de Maria Madalena, as atitudes de Tomé (Jo 20,17). Há outras provocadas pela incerteza. Muitas vezes, não temos certeza da presença de Deus perto de nós, por isso não vemos. Depois que Jesus ressuscitou, depois que já tinha aparecido aos discípulos, eles ainda não tinham certeza, e resolveram voltar a sua antiga profissão: foram pescar. Quando focamos em nossa vida antiga, passamos a não ter certeza de que Jesus está conosco. Piores são as lágrimas de indiferença, quando não reconhecemos Jesus presente. Quantas vezes estamos tão focados em nossos problemas que Deus está falando conosco, mediante as pessoas que nos cercam, mas a nossa indiferença em relação aos outros é tamanha que Deus fala e nós não percebemos.

Afirma a professora Deise Campos: "Lamentavelmente isto está ocorrendo ainda hoje com muitas pessoas. Mergulhadas no sofrimento, não conseguem levantar os olhos para o alto e reconhecer que o Nosso Senhor está vivo, combatendo por nós, olhando para nós e dizendo: 'Por que chora? Eu já não sofri tudo por você? Eu já não paguei por sua liberdade? Por que chora carregando um fardo que eu já tomei sobre mim? Por que você continua procurando solução para suas dificuldades em tantos lugares e não olha para mim, que estou a seu lado e desejo mais uma vez aliviar suas dores?'" (D. Campos, camposesantos.blogspot.com).

Salmo 29(30)

Eu te exaltarei, ó Senhor, porque tu me livraste e não permitiste que meus inimigos se regozijassem contra mim.
Senhor, meu Deus, clamei a ti por socorro, e tu me saraste. Senhor, da cova fizeste subir minha alma; preservaste-me a vida para que não descesse à sepultura.

Salmodiai ao Senhor, vós que sois seus santos, e dai graças ao seu
santo nome. Porque não passa de um momento a sua ira; seu favor
dura a vida inteira.
Ao anoitecer, pode vir o choro, mas a alegria vem pela manhã. Quanto
a mim, dizia eu em minha prosperidade: jamais serei abalado.
Tu, Senhor, por teu favor fizeste permanecer forte minha montanha;
apenas voltaste o rosto, fiquei logo conturbado.
Senhor, Deus meu, graças te darei para sempre.

4
Sal e luz

"Vós sois o sal da terra; e se o sal for insípido, com que se há de salgar? Para nada mais presta, senão para se lançar fora, e ser pisado pelos homens. Vós sois a luz do mundo; não se pode esconder uma cidade edificada sobre um monte. Nem se acende a candeia e se coloca debaixo do alqueire, mas no velador, e dá luz a todos os que estão na casa" (Mt 5,13-15).

Eu sou a luz do mundo, disse Jesus (Jo 8,12). Na verdade, ele é também o sal da terra. O sal tem a função de preservar e dar sabor ao alimento. A luz, por sua vez, tem a função de iluminar as trevas. Somos convidados a ser sal e luz como Jesus. Ele não só preservou o mundo do mal, mas o libertou por sua paixão, morte e ressurreição. "Cancelou a escrita de dívida, que consistia em ordenanças, e que nos era contrária. Ele a removeu completamente, pregando-a na cruz" (Cl 2,14). São Paulo reconhece no mistério pascal de Jesus nossa plena justificação: "Ele foi entregue à morte para pagar todos os nossos pecados e ressuscitado para nossa justificação" (Rm 4,25). Assumiu nossos pecados, nossas dores, nossas fraquezas, e cravou em sua cruz nossas misérias para libertar-nos do jugo do pecado.

Como *sal da terra* Jesus veio, também, trazer o novo sabor dos mandamentos de Deus. Veio completar, não abolir, os preceitos do Senhor Jesus, como plenitude da revelação do Pai à humanidade (*Dei Verbum*, 3-4), veio trazer um novo sabor à revelação divina, ao derramar sobre os apóstolos e sobre toda a face da terra seu Espírito, que nos concede o sabor da graça e da convivência com Deus. Somos templos do Espírito Santo (1Cor 3,16).

Infelizmente, podemos perder o sabor da vivência com Deus. A rotina, que corrói a vida religiosa do cristão, produz o enfraquecimento da vontade e as realidades da fé começam a perder o encanto. Caímos no marasmo espiritual. As coisas de Deus causam melancolia e cansaço, tornam-se insípidas. Está faltando o novo sabor do Espírito. O Espírito Santo faz a Igreja assemelhar-se a Cristo. Faz querer mais, ser melhor, buscar em profundidade o mistério de Deus, pois ele nos conduz à plena verdade (Jo 16,13). O Espírito Santo de Deus nos dá acesso a uma abundante vida espiritual em Cristo.

"*Eu sou* a luz do mundo" (Jo 8,12). Luz ilumina, aquece, traz alegria, mostra a verdade das coisas, dissipa as trevas dos erros. A luz, na Sagrada Escritura, aparece em diversas aplicações. De forma geral, indica o genuíno conhecimento de Deus, a verdadeira felicidade, a justiça, a bondade, as bênçãos da salvação. Isaías profetizou: "O povo que andava nas trevas viu uma grande luz; sobre aqueles que habitavam uma região tenebrosa uma luz resplandeceu" (Is 9,1). Era uma profecia sobre o Reino do Messias. Deus é luz e nele não há treva alguma (Jo 1,5).

Cristo é a manifestação dessa luz (Jo 1,4-5). A luz de Cristo ressuscitado ilumina e fortalece o coração dos seus discípulos, e se reflete em seus rostos. Na verdade, eles são luz no Senhor (Ef 5,8). Eles não são a fonte da luz, mas são transmissores da luz verdadeira que ilumina todo homem (Jo 1,9). Jesus podia dizer: "*Quem me segue, nunca andará em trevas, mas terá a luz da vida*" (Jo 8,12). Por isso nossa luz, que é Cristo, deve brilhar diante de todos. Portanto assim como a função de uma lâmpada é a de iluminar todo o ambiente, a função do cristão como luz do mundo é fazer brilhar essa luz diante dos homens para que eles vejam suas boas obras. As obras de Cristo em nós devem ser vistas por todos para o louvor e a glória de Deus (Mt 5,14-15). Como na Vigília Pascal recebemos a luz de Cristo – Círio Pascal –, e começamos a iluminar o templo santo do Senhor.

O ensino bíblico de que os discípulos de Cristo são sal da terra e luz do mundo significa que os cristãos são agentes que promovem a verdade do Reino de Deus na sociedade. Preservar e dar sabor. Preservar do erro que leva as pessoas a uma vida de ilusão e sem sentido, dando sabor novo às atitudes de fé e preenchendo de luz a escuridão que leva à morte. Essa também é a tarefa da Igreja no mundo: ser a luz dos povos. Ser sal e luz indica a posição dos cristãos diante do mundo. Eles são o sal que tem sabor, promovem a bondade, a paz e a verdade do evangelho. Ser luz do mundo significa ter uma vida que glorifica a Deus e leva outras pessoas a seguir Jesus.

O Papa Francisco resume a missão da Igreja como sal e luz no mundo, quando afirma: "Ser Igreja significa ser povo de Deus, de acordo com o grande projeto de amor do Pai. Isso implica ser o fermento de Deus no meio da humanidade; quer dizer anunciar e levar a salvação de Deus a este nosso mundo, que, muitas vezes, se sente perdido, necessitado de ter respostas que encorajem, deem esperança e novo vigor para o caminho. A Igreja deve ser o lugar da misericórdia gratuita, onde todos possam sentir-se acolhidos, amados, perdoados e animados a viverem segundo a vida boa do evangelho" (EG 114).

Oração ao Cristo da Luz

Em nome do Cristo da Luz revelo minhas aspirações a Deus, para que as preencha e as receba em suas mãos.
Em nome do Cristo da Luz me ofereço a vida eterna, a entrega, a dissolução das culpas, do medo e da dor, para que sejam convertidas no amor do Cristo.

Em nome do Cristo da Luz abro meu coração para receber a chama do Espírito Santo e para que esta se irradie a outros corações.
Em nome do Cristo da Luz me confesso diante dele para que perdoe minhas ações, meus pensamentos e minhas dívidas.

5
O primeiro amor

"És perseverante, sofreste por causa do meu nome e não desanimaste. Mas tenho contra ti que abandonaste o primeiro amor. Lembra-te de onde caíste, converte-te e volta à tua prática inicial. Se, por acaso não te converteres, virei e removerei o teu candelabro de seu lugar" (Ap 2,3-5).

Referindo-se ao *primeiro amor*, o Papa Francisco assim se expressou: "Não perder a memória do primeiro amor, ou seja, a alegria do primeiro encontro com Jesus, significa alimentar continuamente a esperança. E estes dois parâmetros: *memória e esperança*, são a única *moldura* na qual um cristão pode viver a salvação, que é sempre dom de Deus, sem cair na tentação da tibieza, típica de quem, com a memória, perdeu também esperança e entusiasmo" (Homilia da Missa na capela Santa Marta, no dia 30 de janeiro de 2015).

Memória e esperança. A memória faz recordar as maravilhas que Deus tem realizado em nossa vida, e que acenderam em nós o primeiro amor, abrasados pelo Espírito Santo. O autor da carta aos Hebreus afirma que Deus é um fogo devorador (Hb 12,29). Acende em nós seu amor. Fomos batizados neste fogo (Mt 3,11). O Espírito Santo habita em nós (Rm 8,9). Somos templos vivos de Deus (2Cor 6,16). O Espírito nos purifica (Tt 2,14).

A esperança impulsiona para a meta final, o encontro definitivo com Deus. Recordando a fidelidade de Deus no passado, temos certeza de que as promessas por ele feitas realizar-se-ão no futuro, "pois tu és a minha esperança, ó Soberano Senhor, em ti está a minha confiança desde a juventude" (Sl 70[71],5). Muitas vezes, caímos no erro de pôr nossa confiança em outras coisas, como a riqueza, o poder ou a força humana. Mas essas coisas falham. Não servem como bom alicerce para nossa vida. Deus é nossa força na fraqueza; ele nunca nos abandona na hora da necessidade.

O Papa Francisco chama atenção para o perigo da tibieza, que nos torna inertes em nossa vida espiritual: "Os cristãos tíbios estão ali, parados; e sim, são cristãos, mas perderam a memória do primeiro amor, perderam o entusiasmo. Além disso, os cristãos tíbios perderam também a paciência, aquele *tolerar* as coisas da vida com o espírito do amor de Jesus; aquele *tolerar*, aquele *carregar sobre os ombros* as dificuldades" (Homilia, ibidem).

Ninguém vos seduza com vãos discursos, exorta São Paulo (Ef 5,6). O mundo oferece em abundância os mais atraentes amores, apegos sem-fim, promessas de felicidade ao alcance das mãos e sem esforço. São puras ilusões, que escorrem entre nossos dedos, e se perdem. Ao longo da caminhada cristã, percebemos a diferença entre amar a Deus e amá-lo sobre todas as coisas. Talvez, tenhamos perdido o amor que nossos pais nos incutiram ao falar da grandeza de Deus, de seu amor, de sua bondade, por isso nos contentamos com amá-lo mais ou menos. O amor cedeu lugar à tibieza e essa nos afastou do verdadeiro amor.

O Papa Francisco exorta: "Por isso nunca se deve esquecer o primeiro amor; aliás, é preciso recordar sempre aquele primeiro amor. Portanto à pergunta 'como vou em frente?', a resposta é: 'com a esperança'. É quanto diz a carta aos Hebreus a cada cristão: "Ainda um pouco, só um pouco, e aquele que deve vir, virá e não há de tardar" (Hb 10,37 – Homilia citada, ibidem).

As obras do Senhor
Salmo 110(111)

Louvarei o Senhor, de todo o coração,
na assembleia dos justos e em seu conselho.

Grandes são as obras do Senhor,
dignas de admiração de todos os que as amam.

Sua obra toda ela é majestade e magnificência.
E eterna sua justiça.

Memoráveis são suas obras maravilhosas:
o Senhor é clemente e misericordioso.

Aos que o temem deu-lhes sustento;
será lembrada eternamente sua aliança.

O temor do Senhor é o começo da sabedoria:
sábios são aqueles que o adoram.
Sua glória subsiste eternamente.

6
A fé de Abraão

"O Senhor disse a Abrão: 'Deixa tua terra, tua família e a casa de teu pai, e vai para a terra que eu te mostrar. Farei de ti uma grande nação; eu te abençoarei e exaltarei o teu nome, e tu serás uma fonte de bênção. Abençoarei aqueles que te abençoarem, e amaldiçoarei aqueles que te amaldiçoarem; todas as famílias da terra serão benditas em ti'" (Gn 12,1-3).

A primeira exigência de Deus é *sair*. Não há vocação sem desapego. Deus nos chama para uma missão que ele nos reservou.

Jesus diz em São Lucas: "Quem põe a mão no arado e olha para trás não está apto para o Reino de Deus" (Lc 9,62). Seguir Jesus é ter consciência do despojamento: "As raposas têm tocas e os pássaros têm ninhos; mas o Filho do Homem não tem onde repousar a cabeça" (Lc 9,58). Mesmo as atitudes mais sagradas não se devem sobrepor ao chamado: "Deixa que os mortos enterrem os seus mortos; mas tu, vai anunciar o Reino de Deus" (Lc 9,59). Nada deverá retardar o chamado: "Eu te seguirei, Senhor, mas deixa-me primeiro despedir-me dos meus familiares" (Lc 9,69). A fé em Deus e a confiança em sua providência são atitudes fundamentais de uma vocação.

A segunda exigência na vocação de Abraão é acreditar que terá uma numerosa posteridade: *farei de ti uma grande nação*. Abrão era idoso – tinha setenta e cinco anos – e Sarai, sua mulher, era estéril.

Tudo se encaminhava para uma realização totalmente improvável, mas ele acreditou. Em tantos momentos em nossa vida parece que Deus nos apresenta uma situação inteiramente obscura, na qual não conseguimos ver uma luz no fundo do túnel. Aqui nossa fé é provada no limite de nossas forças. Precisamos crer que para Deus nada é impossível. Aquela fé que arde no coração quando falamos do infinito amor do Senhor Jesus é dom celestial, produzida pelo trabalho íntimo do Espírito Santo de Deus na alma humana.

Aos discípulos que nada tinham pescado durante a noite, Jesus ordena: "Lançai as redes à direita da barca" (Jo 21,6). A pesca milagrosa aconteceu. Essa é a medida da fé que nós também precisamos atingir. Crer na palavra do Senhor incondicionalmente, sem hesitar e sem nada duvidar. Precisamos crer e confiar que Deus é conosco e a sua palavra não voltará para ele vazia; antes, faz tudo o que lhe agrada, segundo a sua vontade.

A terceira prova da fé de Abraão é a entrega de seu filho Isaac em sacrifício. "Toma teu filho, teu único filho a quem tanto amas, Isaac, e vai à terra de Moriá, onde tu o oferecerás em holocausto sobre um dos montes que eu te indicar" (Gn 22,1-2). Sacrificar o filho da promessa. É a prova final para Abraão. Aquilo que parece loucura para os homens é sabedoria de Deus (1Cor 1,25).

Ora, a tradição judaica coloca o sacrifício de Isaac em relação direta com a Páscoa. O Livro dos Jubileus, um apócrifo do século II antes de Cristo, afirma que Isaac foi oferecido em 14 de Nisã à mesma hora em que mais tarde se imolaria o cordeiro pascal; e a montanha do holocausto foi precisamente a montanha de Sião (2Cr 3,1 havia identificado já o Moriyya, a montanha do sacrifício segundo o Gênesis, com a colina onde mais tarde se elevaria o templo). E, da mesma forma que Isaac, primogênito, é resgatado pelo sangue de um carneiro, assim os primogênitos hebreus serão salvos pelo sangue do cordeiro pascal (L. Deiss, *A Ceia do Senhor*, São Paulo, Paulinas, 1977, p. 63-64).

O *Targum, uma tradução rabínica do Antigo Testamento*, sem dúvida um dos textos mais comoventes da literatura judaica, assim descreve o sacrifício de Isaac:

> "Abraão diz a Isaac: 'Diante de Jahweh será preparado um cordeiro para o holocausto. Senão, serás tu o cordeiro do holocausto'. E caminhavam ambos a par, em uma perfeita identidade. Chegaram ao local que Jahweh lhe falara e Abraão ali construiu o altar. Preparou a lenha, amarrou seu filho Isaac, e colocou-o sobre o altar por cima da lenha. A seguir estendeu a mão e pegou o cutelo para sacrificar o filho Isaac. Isaac tomou a palavra e disse a Abraão, seu pai: 'Meu pai, ata-me bem para evitar que te resista...' Os olhos de Abraão estavam fixos nos olhos de Isaac e os olhos de Isaac estavam voltados para os anjos lá do alto. Abraão não os via. Nesse instante, desceu dos céus uma voz que dizia: 'Vinde ver os dois 'únicos' em meu universo. Um está sacrificando e o outro é sacrificado. O que sacrifica não hesita e o que é sacrificado estende o pescoço' (...). Abraão pôs-se a rezar e invocou o nome da Palavra de Jahweh, dizendo: 'Eu te peço, por tua misericórdia, Jahweh! (...) Não houve dissidência em meu coração desde o primeiro instante em que tu me disseste para sacrificar meu filho Isaac, para reduzi-lo a pó e cinza em tua presença. Mas logo me levantei de madrugada e me apressei a cumprir tuas palavras com alegria, executei tua obra. Agora, quando seus filhos se acharem num tempo de angústia, lembra-te do sacrifício de seu pai Isaac e atende a voz de sua súplica. Exalta-os, livra-os de toda tribulação!'" (L. Deiss, *A Ceia do Senhor*, São Paulo, Paulinas, 1977, p. 64).

Desde o início, os discípulos de Cristo testemunharam sua fé e confiança no Senhor ressuscitado, começando por Maria, a Mãe de Jesus, a mulher que foi bendita porque acreditou que as promessas que o Senhor lhe fizera iriam acontecer (Lc 1,45).

Pela fé, os apóstolos deixaram tudo para seguir o Mestre (Mc 10,28). Pela fé, os mártires deram sua vida para testemunhar a verdade do evangelho que os transformara, tornando-os capazes de chegar até o dom maior do amor com o perdão aos seus próprios perseguidores. Pela fé, homens e mulheres consagraram a vida a Cristo, deixando tudo para viver em simplicidade evangélica a obediência, a pobreza e a castidade. Pela fé, no decurso dos séculos, homens e mulheres, de todas as idades, cujo nome está escrito no livro da vida (Ap 7,9; 13,8), confessaram a beleza de seguir o Senhor Jesus nos lugares onde eram chamados a dar testemunho de seu ser cristão.

Oração para pedir fé

Senhor, faze que minha fé seja total, sem reservas,
que ela penetre no meu pensamento,
e na minha maneira de julgar
as coisas divinas e as coisas humanas.

Senhor, faze que minha fé seja livre,
tenha o concurso pessoal da minha adesão,
aceite as renúncias e os deveres
que ela comporta,
seja expressão do que há de mais decisivo
em minha personalidade.

Senhor, faze que minha fé seja alegre,
que ela dê paz e alegria à minha alma,
que ela se disponha a rezar a Deus
e a conversar com os homens
de tal maneira que irradie nesses encontros,
sagrados e profanos,
a felicidade interior de tua posse feliz.

Senhor, faze que minha fé seja atuante,
e que ela dê à caridade
a razão de sua expansão moral,
de maneira que ela seja verdadeira amizade
contigo, e na ação,
no sofrimento e na espera da revelação final,
seja uma contínua busca de ti,
um contínuo testemunho,
um contínuo alimento de esperança.
Amém.

Papa São Paulo VI

7
A luz de Cristo!

"Falando novamente ao povo, disse Jesus: 'Eu sou a luz do mundo. Quem me segue, nunca andará em trevas, mas terá a luz da vida'" (Jo 8,12).

Durante o Sábado Santo a Igreja permanece junto ao sepulcro do Senhor, meditando sua paixão e morte, sua descida à mansão dos mortos, e esperando na oração e no jejum sua ressurreição. O sábado é o dia em que experimentamos o vazio. Se a fé não visse o último dessa realidade, cairíamos na desesperança.

O Sábado Santo é o dia entre a dor pela morte de Jesus e a alegria por sua ressurreição. A comunidade está em silêncio, à espera, também recordando a perplexidade dos apóstolos após a morte de Cristo.

Uma antiga homilia lembra este silêncio: "Que está acontecendo hoje? Um grande silêncio reina sobre a terra. Um grande silêncio e uma grande solidão. Um grande silêncio porque o Rei está dormindo; a terra estremeceu e ficou silenciosa, porque o Deus feito homem adormeceu e acordou os que dormiam há séculos. Deus morreu na carne e despertou a mansão dos mortos" (Ofício das Leituras de Sábado Santo, *Liturgia das Horas,* Vol. II, p. 439).

A celebração é no sábado à noite, no entanto é uma Vigília em honra ao Senhor, segundo a tradição (Ex 12,42), de maneira que os fiéis, seguindo a exortação do evangelho de Lucas, tenham acesas as lâmpadas como os que aguardam seu Senhor para que, ao chegar, os encontre em vigília e os faça sentar à sua mesa (Lc 12,35ss).

A Vigília Pascal tem quatro partes fundamentais: Liturgia da Luz, da Palavra, do Batismo e da Eucaristia. É comum crianças e adultos serem batizados nessa celebração, quando todos renovam sua fé e confiança no Deus Altíssimo. A palavra de Deus recorda toda a caminhada do povo de Israel, aguardando o Messias, e apresenta Jesus como o verdadeiro Messias, Salvador. O povo de Deus pede a intercessão dos santos para que continuem perseverantes no seguimento de Jesus.

Também nos dias de hoje passamos por crises de fé. Quem é Jesus? Por que ele veio até nós? Por que morreu em uma cruz? Qual o sentido que Cristo tem para a humanidade? Por que vivemos no meio de tantos males, se fomos salvos por ele do mal? No meio de tantas interrogações há um campo propício para semearmos dúvidas em nosso coração e desistirmos do seguimento de Jesus.

Por isso precisamos de Maria, a mulher que sempre acreditou. Silenciosa, inteiramente tomada pela dor, Maria, aos pés da cruz, ficou de pé inteiramente unida a seu Filho, totalmente entregue a Deus. Nós, se estivermos longe dela, provavelmente perderemos a confiança em Deus nos momentos mais difíceis de nossa vida, assim como os discípulos de Emaús, mas se estivermos ao seu lado sempre poderemos olhar para ela e ver que ainda existem motivos para confiar. Ela nunca desconfiou que ele era realmente aquele que iria nos salvar.

A Vigília Pascal, mãe de todas as vigílias, convida a romper os laços dos pecados, sepultados com Cristo, envoltos na misericórdia do Senhor, que nos amou até o fim. A noite santa vai se encaminhando para o dia que não conhece fim, porque o Sol da justiça, o Senhor da vida, ilumina com sua luz redentora a humanidade que jazia nas trevas. O mundo está salvo. Aleluia!

Precônio Pascal

Exulte de alegria a multidão dos anjos,
exultem as assembleias celestes,
ressoem hinos de glória
para anunciar o triunfo de tão grande Rei.

Rejubile também a terra, inundada
por tão grande claridade,
porque a luz de Cristo, o Rei eterno,
dissipa as trevas de todo o mundo.

Alegre-se a Igreja, nossa mãe,
adornada com os fulgores de tão grande luz,
e ressoem neste templo
as aclamações do povo de Deus.

E vós, irmãos caríssimos,
aqui reunidos para celebrar
o esplendor admirável desta luz,
invocai comigo a misericórdia de Deus onipotente.

Para que, tendo-se ele dignado,
sem mérito algum da minha parte,
admitir-me no número dos seus ministros,
infunda em mim a claridade de sua luz,
para que possa celebrar dignamente
os louvores deste círio.

8
Ninguém te condenou?

"'Ninguém te condenou?' Ela respondeu: 'Ninguém, Senhor!' Então Jesus lhe disse: 'Eu também não te condeno. Podes ir, e de agora em diante não peques mais'" (Jo 8,10-11).

O ser humano está marcado pelo pecado. Diz o Catecismo da Igreja Católica: "O pecado original, no qual todos os homens nascem, é o estado de privação da santidade e da justiça originais. É um pecado por nós 'contraído' e não 'cometido'; é uma condição de nascimento e não um ato pessoal. Por causa da unidade de origem de todos os homens, ele transmite-se aos descendentes de Adão com a natureza humana, 'não por imitação, mas por propagação'. Essa transmissão permanece um mistério que não podemos compreender plenamente" (Catecismo, n. 404-419).

No monte Sinai, pela mediação de Moisés, Deus faz uma aliança com Israel e escreve seus preceitos em pedra, escrevendo-os com seu dedo, isto é, com sua autoridade (Dt 9,10). Israel, no entanto, não foi fiel. Os profetas chamaram a atenção do povo para sua infidelidade: "Esta é a nação que não escutou a voz do Senhor, seu Deus, e não aceitou correção. Sua fé morreu, foi arrancada de sua boca" (Jr 7,28). Isaías adverte: "Lavai-vos, purificai-vos, tirai a maldade de vossas ações de minha frente. Deixai de fazer o mal, procurai o direito e corrigi o opressor. Julgai a causa do órfão, defendei a viúva" (Is 1,16-17). Daniel reconhece o pecado: "A nós, Senhor, resta-nos a vergonha no rosto! A nossos reis e príncipes, e a nossos antepassados, pois pecamos contra ti" (Dn 9, 8).

O Concílio Vaticano II reconhece: "Esta santidade da Igreja incessantemente se manifesta e deve manifestar-se nos frutos de graça que o Espírito Santo produz nos fiéis; exprime-se de muitas maneiras em todos aqueles que, em harmonia com seu estado de vida, tendem à perfeição da caridade, edificando os outros, mas de modo particular, evidencia-se na prática dos conselhos que ordinariamente se chamam evangélicos" (LG 39).

O Papa Francisco, na Audiência Geral na praça de São Pedro, no dia 2 de outubro de 2013, retoma o tema da Igreja pecadora em busca da santidade, e pergunta: "Como pode ser santa uma Igreja feita de seres humanos, pecadores? Homens pecadores, mulheres pecadoras, sacerdotes pecadores, religiosas pecadoras, Bispos pecadores, Cardeais pecadores, Papa pecador? Todos. Como pode ser santa uma Igreja assim"? E acrescenta: "Cristo amou a Igreja, entregando-se totalmente à cruz. E isso significa que a Igreja é santa porque procede de Deus que é santo, lhe é fiel e não a abandona ao poder da morte e do mal (cf. Mt 16,18). É santa porque Jesus Cristo, o Santo de Deus (cf. Mc 1,24), une-se a ela de modo indissolúvel (cf. Mt 28,20); é santa porque se deixa guiar pelo Espírito Santo que purifica, transforma e renova. Não é santa pelos nossos méritos, mas porque Deus a torna santa, é fruto do Espírito Santo e dos seus dons. Não somos nós que a santificamos. É Deus, o Espírito Santo, que, em seu amor, santifica a Igreja".

Sua Santidade conclui: "Vós podereis dizer-me: mas a Igreja é formada por pecadores, como vemos todos os dias. E isto é verdade: somos uma Igreja de pecadores; e nós, pecadores, somos chamados a deixar-nos transformar, renovar e santificar por Deus. A Igreja, que é santa, não rejeita os pecadores; não afasta nenhum de nós; não rejeita, porque chama e acolhe todos, está aberta também aos distantes, chama todos a deixar-se abraçar pela misericórdia, pela ternura e pelo perdão do Pai, que oferece a todos a possibilidade de o encontrar, de caminhar rumo à santidade". De fato, a santidade não consiste antes de tudo em fazer coisas extraordinárias, mas em deixar agir Deus (LG 39-42).

A mulher adúltera é figura de Israel e da Igreja. Certamente fez coisas boas em sua vida e não só pecados. Isaías diz que o Senhor não quebrará o caniço rachado, nem extinguirá a mecha que ainda fumega (Is 42,3). Jesus, falando de sua missão, retoma essa figura de Isaías (Mt 12,20). Jesus veio salvar, não condenar. Ele é o Redentor, o Restaurador da humanidade, segundo a imagem do Pai. Por isso ele não condena a mulher adúltera, mas a convida à conversão: "'Ninguém te condenou?' Ela respondeu: 'Ninguém, Senhor!' Então Jesus lhe disse: 'Eu também não te condeno. Podes ir, e de agora em diante não peques mais'" (Jo 8,10-11).

Confissão e perdão
Salmo 31(32)

Feliz aquele cujas maldades Deus perdoa
e cujos pecados ele apaga!
Feliz aquele que o Senhor Deus
não acusa de fazer coisas más
e que não age com falsidade!
Enquanto não confessei o meu pecado,
eu me cansava,
chorando o dia inteiro.
De dia e de noite,
tu me castigaste, ó Deus,

e as minhas forças se acabaram
como o sereno que seca
no calor do verão.
Então eu te confessei o meu pecado,
não escondi a minha maldade.
Resolvi confessar tudo a ti,
e tu perdoaste
todos os meus pecados.

9
A porta das ovelhas

"Em verdade, em verdade, vos digo: eu sou a porta das ovelhas. Todos aqueles que vieram antes de mim são ladrões e assaltantes, mas as ovelhas não os escutaram. Eu sou a porta. Quem entrar por mim será salvo; poderá entrar e sair, e encontrará pastagem. O ladrão vem só para roubar, matar e destruir. Eu vim para que tenham vida e a tenham em abundância. Eu sou o bom pastor, que dá a vida por suas ovelhas" (Jo 10,7-11).

Nesse belíssimo texto do evangelho de São João, Jesus revela sua missão: *Eu sou o bom pastor, que dá a vida por suas ovelhas*. Ele veio para dar a vida. Não lhe interessa o possível lucro que poderia ter com a venda das ovelhas nem com a carne que lhe serviria de alimento. O interesse do bom pastor é salvar, conduzir ao redil, dar segurança. O redil é a plenitude da vida, a felicidade eterna, o encontro definitivo com Deus. A porta do paraíso fechou-se com o pecado dos primeiros homens; por sua morte e ressurreição, Jesus abre-a definitivamente, para que entrem aqueles que o seguem.

Não há outro guia para o convívio com Deus senão Jesus, caminho, verdade e vida (Jo 14,6). Não existe outro caminho: "Em nenhum outro nome há salvação, pois não existe debaixo do céu outro nome dado à humanidade pelo qual devamos ser salvos" (At 4,12). Jesus não só falou a verdade que ouviu do Pai, mas ele próprio é a verdade. Ele, o Senhor da vida, trouxe-nos a vida, e vida em abundância (Jo 10,10). Jesus veio para nos unir novamente com Deus: "Deus, rico em misericórdia, pelo imenso amor com que nos amou, quando ainda estávamos mortos por causa dos nossos pecados, deu-nos a vida com Cristo. É por graça que fostes salvos!" (Ef 2,4-5). Cristo é a verdadeira porta santa que nos permite entrar na vida eterna.

"As ovelhas escutam sua voz" (Jo 10,3). Não basta ter Jesus como caminho, verdade e vida, é preciso escutar sua voz. Vivemos num mundo onde são tantas as vozes que prendem nossa atenção, tantas as propostas de felicidade, de um futuro tranquilo, de autorrealização sem esforço, de abundância de bens materiais, vida cômoda e longa, prazer sem limites. A voz de Cristo é outra: "Se alguém quer vir após mim, renuncie a si mesmo, tome sua cruz e siga-me" (Mt 16,24). Escutar a voz é seguir. Ser discípulo. Andar nos seus passos. Tomar a cruz significa estar disposto a morrer para seguir Cristo, morrer para si mesmo. Pois quem quiser salvar a sua vida há de perdê-la (Mt 16,25).

"Conheço as minhas ovelhas" (Jo 10,14). Deus falou a Jeremias: "Antes de saíres do ventre, eu te consagrei e te fiz profeta para as nações" (Jr 1,5). Antes que nossos pais decidissem nosso nascimento, Deus decidiu dar-nos a vida e propôs-nos uma vocação. Ele nos conhece *por dentro,* pois está dentro de nós. Conhece o mais íntimo de nosso ser, melhor do que nós mesmos. "Eu, porém, sou o Senhor, sondo os corações e escruto os rins, a fim de recompensar a cada um" (Jr 17,10).

O bom pastor busca a ovelha perdida (Lc 15,4-6). O mercenário não se importa com a avelha que se perdeu; as outras estão a salvo e garantem o lucro. O bom pastor não pensa no lucro ou no prejuízo: quer salvar a ovelha. A vida da ovelha lhe é tão preciosa que é capaz de deixar todas as outras para procurar aquela que se perdeu. "Os sãos não precisam de médico, mas sim os que estão doentes; eu não vim chamar os justos, mas sim os pecadores ao arrependimento" (Mc 2,17). Quem está mais doente do que aquele que se perdeu? O Papa Francisco afirma que os sacerdotes devem ser pastores *com cheiro das ovelhas* (Homilia na Missa do Crisma, em 28 de março de 2013). Para ter o cheiro das ovelhas é preciso sair em busca da ovelha que se perdeu, trazê-la nos ombros e fazer festa. "Digo-vos que assim haverá alegria no céu por um só pecador que se arrepende, mais do que por noventa e nove justos que não necessitam de arrependimento" (Lc 15,7).

O bom pastor deve ser cada cristão no ambiente em que vive. É particularmente você que é pai e mãe de família na tarefa tão sublime quanto difícil de educar seus filhos, apontando-lhes o caminho do bem, da verdadeira realização pessoal, da maturidade. O pastor é você, professor, educador por excelência daqueles que lhe foram confiados. Você, empresário, funcionário público, administrador, político a quem Deus confiou a condução da sociedade. A vocês, empregadores e operários, que nos mais diversos setores são responsáveis pela construção da sociedade do amor e da justiça, uma comunidade de irmãos. Jesus, o bom pastor, é o modelo de todos aqueles que ele constituiu como pastores de seu povo. O bom pastor dá a vida por suas ovelhas.

Salmo 22(23)

O Senhor é o pastor que me conduz;
não me falta coisa alguma.
Pelos prados e campinas verdejantes,
ele me leva a descansar.
Às águas repousantes me encaminha,
e restaura as minhas forças.

Ele me guia no caminho mais seguro,
pela honra de seu nome.
Mesmo que eu passe pelo vale tenebroso,
nenhum mal eu temerei,
pois estais comigo com bastão e com cajado;
eles me dão segurança.

Preparais à minha frente uma mesa,
bem à vista do inimigo,
e com óleo vós ungis minha cabeça,
e meu cálice transborda.

Felicidade e todo bem hão de seguir-me,
por toda a minha vida,
e na casa do Senhor habitarei
pelos tempos infinitos.

10
As duas vidas

"Esta é a morada de Deus com os homens, pois com eles habitará, e eles serão o seu povo, e o mesmo Deus estará com eles, e será o seu Deus. E Deus limpará de seus olhos toda lágrima; e não haverá mais morte, nem pranto, nem clamor, nem dor, porque já as primeiras coisas são passadas" (Ap 21,3-4).

Ao celebrarmos o mistério da ascensão do Senhor, os Atos dos Apóstolos lembram que dois homens vestidos de branco falaram aos discípulos: "Homens da Galileia, por que ficais aqui, parados, olhando para o céu?" (At 1,11). O texto dá a entender que os discípulos, em choque, não sabiam como e por onde iniciar sua missão evangelizadora. Não se deram conta, em um primeiro momento, de que o afastamento visível de Jesus não significava que o Senhor os deixara sós. Ele foi para junto do Pai, mas não se afastou da humanidade: continua presente e atuando em sua Igreja, porque, como Cabeça de seu Corpo Místico, jamais poderá dela se distanciar.

Santo Agostinho, meditando sobre este mistério, lembra as duas vidas da Igreja: "A Igreja conhece duas vidas, que lhe foram anunciadas por Deus: uma é vivida na fé, a outra, na visão. Uma, no tempo da caminhada, outra, na mansão eterna. Uma, no trabalho, outra, no descanso. Uma, no exílio, outra, na pátria. Uma, no esforço da atividade, outra, no prêmio da contemplação" (Tratados sobre o Evangelho de São João - Liturgia das Horas, vol. II, p. 589).

Em sua missão terrena, enquanto vive na fé, no tempo da caminhada, no trabalho, no exílio, no esforço da atividade, *a Igreja precisa ter os pés no chão e os olhos no céu.* O Papa São Paulo VI, na exortação apostólica *Evangelii nuntiandi*, sobre a evangelização no mundo contemporâneo, lembra: "Evangelizar, para a Igreja, é levar a Boa-Nova a todas as parcelas da humanidade, em qualquer meio e latitude, e por seu influxo transformá-las a partir de dentro e tornar nova a própria humanidade" (EN 18). Para realizar essa missão, a Igreja deve conhecer profundamente a realidade humana a fim de que possa, na força do Ressuscitado, "*tornar novas todas as coisas*" (Ap 21,5).

Não seria exatamente a isso que Jesus se referia ao mandar que os apóstolos lançassem as redes para águas mais profundas (Lc 5,4)? As águas rasas são, sem dúvida, as mais tranquilas, mas não as mais indicadas para a pesca. Junto à praia tudo é muito cômodo. Quando Jesus insiste em que devemos ser sal da terra e luz do mundo (Mt 13-16), está recomendando a nossa inserção no ambiente em que vivemos. O Concílio Vaticano II ensina: "A Igreja, seguindo seu fim próprio salutar, não somente comunica ao homem a vida divina, mas também irradia a sua luz, de certo modo, refletida sobre o mundo inteiro, principalmente porque restabelece e eleva a dignidade da pessoa humana, fortalece a coesão da sociedade humana e reveste de sentido mais profundo e de significação a atividade cotidiana dos homens" (GS 40).

O Papa Francisco lembra que "a Boa-Nova de Cristo tem destinação universal. Seu mandato de caridade alcança todas as dimensões da existência, todas as pessoas, todos os ambientes da convivência e todos os povos. Nada do humano lhe pode parecer estranho" (EG 181). Na busca do amor maior, preparamos nosso coração para o verdadeiro amor fraterno, vencendo as antipatias, os preconceitos, e estabelecendo espaços de inclusão. No mistério mais profundo de nosso ser deparamos com o que é realmente importante em nossa vida, deixando de lado as mesquinharias que nos impedem de ser cristãos adultos, até que tenhamos alcançado a medida da estatura de Cristo (cf. Ef 4,13).

Enquanto realiza sua missão aqui na terra, a Igreja deve estar próxima de todo ser humano, particularmente dos mais pobres, dos excluídos da sociedade. Como o *bom samaritano,* recolhe em seu amor todos os que são assaltados e feridos pela ganância, pelo ódio e pelo materialismo. Estende a mão, o coração para abraçar os preferidos de Jesus. "A Igreja evangeliza quando, unicamente firmada na potência divina da mensagem que proclama, procura converter, ao mesmo tempo, a consciência pessoal e coletiva dos homens, a atividade em que eles se aplicam, a vida e o meio concreto que lhes são próprios" (EN 18).

Em sua encíclica *Centesimus annus,* o Papa São João Paulo II afirma: "Não se trata do homem abstrato, mas do homem real, concreto, histórico; trata-se de cada homem, porque cada um foi englobado no mistério da redenção e Cristo uniu-se com cada um para sempre, através deste mistério" (CA 53). Os homens e as mulheres a serem evangelizados são as pessoas concretas com as quais convivemos nos afazeres de cada dia: na caminhada, no trabalho, no esforço da atividade, como afirmou Santo Agostinho. Enquanto esperamos, na fé, a visão plena de Deus, a mansão celeste, o descanso na contemplação, é preciso termos os olhos fixos no céu, para não nos afastarmos de Jesus, caminho, verdade e vida. Com sua ressurreição, o Senhor tornou novas todas as coisas (Ap 21,5); então, também para nós, o novo céu e a nova terra serão realidade e serão enxugadas nossas lágrimas, já não haverá morte, nem luto, nem dor, porque passou a primeira condição (Ap 21,4). Quando tivermos apalpado o mistério de Deus, conduzidos pela luz da fé, tudo se transformará em luz e, como os apóstolos no monte santo, diremos: "Mestre, é bom ficarmos aqui" (Lc 9,33).

Evangelho da Ascensão
Oração da Missa

Oremos (silêncio):
Ó Deus todo-poderoso,
a ascensão do vosso Filho já é nossa vitória.
Fazei-nos exultar de alegria
e fervorosa ação de graças, pois,
membros de seu corpo,
somos chamados na esperança
a participar de sua glória.
Por nosso Senhor Jesus Cristo.
Amém.

11
Casa sobre a rocha

"Se o Senhor não edificar a casa, em vão trabalham os que a edificam" (Sl 126,1).

O progresso tecnológico proporcionou tantos avanços para a sociedade humana que, frequentemente, o homem moderno tem a sensação de poder tudo, e, por conseguinte, chega à conclusão de que não tem mais necessidade de Deus. Tudo está ao alcance das mãos, basta ter condições financeiras para adquirir. Aquele mundo medieval, onde a vida humana girava em torno da divindade, foi plenamente superado. Dizem: "Não precisamos mais de Deus, a humanidade tem em suas mãos o seu próprio destino".

No entanto, a pandemia de coronavírus fez o ser humano entender que sua prepotência é falsa e sua ânsia de tudo dominar tem limites. Bastou a ação de um vírus, invisível a olho nu, para demolir o orgulho de um pretenso poderio. Somos colaboradores de Deus na construção da história humana, não somos Deus. "Se o Senhor não edificar a casa, em vão trabalham os que a edificam" (Sl 126[127],1).

Santo Agostinho escreveu: "Quem são estes que trabalham na construção? Todos aqueles que na Igreja pregam a palavra de Deus, os ministros dos mistérios de Deus. Todos corremos, todos trabalhamos, todos construímos agora. Antes de nós, todos os outros correram, trabalharam, construíram. No entanto, se o Senhor não construir a casa, em vão trabalham os que a constroem" (Santo Agostinho, bispo, século V, Comentário sobre os Salmos, Liturgia das Horas, Vol. III, p. 430).

O que acontece em nível comunitário ocorre também individualmente. Quantas vezes acreditamos que somos os donos de nossa vida... Nós damos a direção que desejamos, procuramos os caminhos que nos parecem mais adequados para o desenvolvimento pessoal. Não precisamos dos outros. Quem sabe, não precisamos sequer de Deus. Esquecemos que Cristo é o caminho, a verdade e a vida (Jo 14,6), que sem Cristo nada podemos fazer (Jo 15,5). Sem ele, perdemos a direção de nossa vida. Há tantos caminhos que não levam à felicidade. Sem Deus, nos perdemos nos atalhos da vida.

Somos treinados para vencer e superar desafios, vencendo a concorrência, pois tudo depende nós. Precisamos competir, superar as dificuldades, ser fortes. Embora a força de vontade, a iniciativa e o pensamento positivo sejam necessários, no entanto não resolvem os problemas sozinhos. Tudo posso naquele que me conforta, lembra São Paulo (Fl 4,13). Conforto não é apenas uma consolação, mas também uma ajuda concreta da graça divina. Precisamos construir nossa casa, nossa vida, sobre a rocha (Mt 7,24), que é Cristo. Somente então poderão cair as chuvas, soprar os ventos, transbordar os rios, mas não destruirão a casa de nossa vida, porque está construída sobre a rocha. Cristo é a rocha, a pedra angular que tudo sustenta (Ef 2,20).

Assim, as pessoas de fé constroem a sua "casa" e edificam a sua vida. Com atitude de confiança, elas trabalham, esforçam-se, fazendo tudo o que está ao seu alcance e que depende delas, conscientes de que quem constrói nossa vida, fundamentalmente, é Deus, em Cristo, pelo dom de seu Espírito Santo.

Salmo 8

Glória do Criador nos esplendores da criação

Que é o homem mortal para que te lembres dele? E o filho
do homem, para que o visites?
Pois pouco menor o fizeste do que os anjos, e de glória e de honra
o coroaste.
Fazes com que ele tenha domínio sobre as obras das tuas mãos;
tudo puseste debaixo de seus pés.
Todas as ovelhas e bois, assim como os animais do campo, as aves
dos céus e os peixes do mar, e tudo o que passa pelas veredas
dos mares.
Ó Senhor, Senhor nosso, quão admirável é o teu nome
sobre toda a terra!

12 Cidade permanente

"Não temos aqui cidade permanente, mas estamos à procura daquela que está por vir" (Hb 13,14).

A palavra 'mundo', no original grego, é o termo *cosmo*. O sentido original é *ordem, arranjo, ornamento, adorno*. Certamente todos esses predicativos serviam para admirar a beleza de toda a criação de Deus.

A palavra mundo pode ter três sentidos na Bíblia. O primeiro é o de *universo, cosmos* (Jo 1,9). Este mundo foi criado por Cristo (Cl 1,16). O segundo sentido é o de humanidade: "Porque Deus amou tanto o mundo que deu o seu Filho unigênito, para que todo o que nele crê não pereça, mas tenha a vida eterna" (Jo 3,16). O terceiro sentido é o mundo como sistema que é perverso: "Não ameis o mundo nem as coisas que há no mundo. Se alguém amar o mundo, o amor do Pai não está nele" (1Jo 2,15). O cosmo é aqui interpretado no sentido ético, como um sistema do mundo, as influências que estão ao nosso redor.

Este é o sentido pejorativo dado à palavra mundo e muito enfatizado pelo apóstolo João. "Não peço que os tires do mundo, mas que os livres do mal" (Jo 17,15). O apóstolo Tiago adverte: "Vocês não sabem que a amizade com o mundo é inimizade com Deus? Quem quer ser amigo do mundo faz-se inimigo de Deus" (Tg 4,4). Diz Jesus: "Pois, que adiantará ao homem ganhar o mundo inteiro e perder a sua alma?" (Mt 16,26). Na última Ceia, Jesus reza ao Pai: "Não peço que os tires do mundo, mas que os livres do mal. Eles não são do mundo, como eu não sou do mundo. Santifica-os em tua verdade; tua palavra é a verdade" (Jo 17,15-17).

São Paulo incrimina o mundo do pecado, e pede aos fiéis de suas comunidades que não se deixem levar pelo mal: "Não se amoldem ao padrão deste mundo, mas transformem-se pela renovação de sua mente, para que sejam capazes de experimentar e comprovar a boa, agradável e perfeita vontade de Deus" (Rm 12,2). À comunidade de Corinto escreve: "Onde está o sábio? Onde está o erudito? Onde está o questionador deste mundo? Acaso tornou Deus loucura a sabedoria deste mundo? Já que o mundo em sua sabedoria não conheceu a Deus, na sabedoria divina aprouve a Deus salvar os que creem pela loucura de sua mensagem" (1Cor 1,20-22). O apóstolo João exorta: "Não ameis o mundo nem as coisas do mundo. Se alguém ama o mundo, não está nele o amor do Pai. Porque tudo o que há no mundo – a concupiscência da carne, a concupiscência dos olhos e a soberba da vida – não procede do Pai, mas do mundo" (1Jo 2,15-16).

No entanto, Jesus enviou os seus discípulos para evangelizar o mundo. Na exortação apostólica sobre a evangelização *Evangelii nuntiandi*, o Papa São Paulo VI exorta: "Evangelizar constitui, de fato, a graça e a vocação própria da Igreja, a sua mais profunda identidade. Ela existe para evangelizar, ou seja, para pregar e ensinar, ser o canal do dom da graça, reconciliar os pecadores com Deus e perpetuar o sacrifício de Cristo na santa missa, que é o memorial de sua morte e gloriosa ressurreição" (EN 14).

O mundo é, pois, o espaço da ação evangelizadora do cristão. Jesus deixou sua Igreja para colaborar na transformação do mundo, para que o mundo, convertido pela força da palavra de Deus, apresse o advento da civilização do amor. Diz o Concílio

Vaticano II: "A Igreja, portanto, por força do evangelho que lhe foi confiado, proclama os direitos dos homens e admite e aprecia muito o dinamismo do tempo de hoje, que promove estes direitos por toda parte" (GS 41). E, contudo, a Igreja também recebe da sociedade humana: "Todos aqueles que promovem a comunidade humana, no plano da família, da cultura, da vida econômica, social e da política – tanto nacional como internacional – de acordo com o plano de Deus, prestam um auxílio não pequeno também à comunidade eclesial, enquanto ela depende das coisas externas" (GS 44).

O cristão está no mundo, mas não é do mundo; enquanto aqui está, porém, é chamado pelo Senhor Jesus a colaborar na implantação do Reino de Deus. O autor da carta aos Hebreus lembra que não temos aqui na terra cidade permanente, por isso, buscamos a cidade vindoura (Hb 13,14). No entanto, em nossa passagem aqui na terra não podemos cruzar os braços, esperando que a consumação do Reino de Deus aconteça milagrosamente. Deus quer que com ele colaboremos na construção do novo céu e da nova terra.

A nova Jerusalém
Ap 21,9-10.22-23

Vem, e eu te mostrarei a noiva,
a esposa do Cordeiro.

Levou-me em espírito
a um grande e alto monte
e mostrou-me a cidade santa,
a Jerusalém, que descida do céu,
de junto de Deus,
estava revestida da glória de Deus.

Eu não vi, porém, nela templo algum,
porque o Senhor Deus Dominador
é seu templo,
assim como o Cordeiro.

A cidade não necessita de sol
nem de lua para a iluminar,
porque a glória de Deus
a ilumina
e sua luz é o Cordeiro.

13
Coração de carne

"Eu lhes darei um mesmo coração, e um espírito novo porei dentro deles; e tirarei de sua carne o coração de pedra e lhes darei um coração de carne" (Ez 11,19).

O coração de pedra não tem vida, não bate, não sente, não conduz a vida. É símbolo da insensibilidade de alguém que não se importa com os outros. Quem não é capaz de ter compaixão do outro, quem vive fechado em seu egoísmo não transmite vida, porque de fato não tem vida. Está espiritualmente morto.

Para ter um coração de carne é preciso nascer de novo, abandonar o que se tornou velho em nossa vida cristã para revestir-se da novidade, que é Cristo. "Jesus respondeu: 'Em verdade, em verdade, te digo que aquele que não nascer da água e do Espírito não poderá entrar no Reino de Deus'" (Jo 3,5). O novo nascimento é obra do Espírito de Deus que habita em nós a partir do batismo. É o Espírito Santo, o amor *que procede do Pai e do Filho*, e que nos permite chamar a Deus de *Abba*, Papai (Gl 4,6). Somente esses poderão ver o Reino de Deus (Jo 3,3).

O Espírito de Deus, atuando em nós, é vida, força, luz, alento, paz, consolo e fogo: Deus age e comunica sua vida. A ação de Deus em nós se produz, quase sempre, de modo imperceptível, discreto. O sinal mais claro da presença do Espírito Santo é a vida. Ela não se reduz ao íntimo dos corações, mas se derrama sobre toda a face da terra.

Vivemos num mundo onde corações de pedra bloqueiam a solidariedade entre os povos, as comunidades, as pessoas. São muitos os que preferem viver isolados em seu egoísmo e autossuficiência como se existissem dois mundos: um mundo de privilégios para eles e outro de desventura para os necessitados. A terra é nossa casa comum, sem repartições entre ricos e pobres. Quando somente alguns estão bem acomodados e outros inteiramente desprovidos do mínimo necessário para viver dignamente, toda a casa sofre.

Nosso mundo vive doente não somente porque passamos por uma pandemia de coronavírus, mas porque estamos doentes no espírito. Nosso coração tornou-se um coração de pedra, insensível diante da dor dos irmãos, impenetrável, como o egoísmo que mata, porque não deixa a vida circular e o amor fluir. A humanidade precisou ser presa em suas casas, apartamentos, cidades para compreender o valor da solidariedade, da convivência fraterna, de estarmos todos no mesmo barco. Os privilégios não curam ninguém, apenas a capacidade de amar, de se entregar a serviço do bem comum é que cura.

A celebração da Páscoa do Senhor, no entanto, ilumina a nossa esperança de que tudo poderá mudar, desde que, redimidos aos pés da cruz do Senhor, reconheçamos nossa incapacidade humana de, sozinhos, construir um mundo mais solidário e fraterno. Precisamos, como o centurião, reconhecer com humildade: "Na verdade, este homem era Filho de Deus!" (Mc 15,39). A ressurreição de Jesus é perene e infalível fonte de esperança cristã.

Crer no Ressuscitado é crer que um dia vamos ouvir estas incríveis palavras que o livro do Apocalipse pôs nos lábios de Deus: "Eu sou o princípio e o fim de tudo. A quem tiver sede darei gratuitamente da fonte da água da vida. Não haverá mais luto nem pranto, não haverá mais dor, fadigas, porque tudo isso terá passado" (21,6).

Oração ao Espírito Santo

Ó, vinde Espírito Criador, as nossas almas visitai e enchei os nossos corações com vossos dons celestiais.
Vós sois chamado o Intercessor, do Deus excelso o dom sem par, a fonte viva, o fogo, o amor, a unção divina e salutar.
Sois doador dos sete dons, e sois poder na mão do Pai, por ele prometido a nós, por nós seus feitos proclamai.
A nossa mente iluminai, os corações enchei de amor, nossa fraqueza encorajai, qual força eterna e protetor.
Nosso inimigo repeli, e concedei-nos vossa paz, se pela graça nos guiais, o mal deixamos para trás.
Ao Pai e ao Filho Salvador, por vós possamos conhecer, que procedeis de seu amor, fazei-nos sempre firmes crer.

14 As muitas moradas de Deus

"Não se perturbe o vosso coração! Tendes fé em Deus, tende fé em mim também. Na casa de meu Pai há muitas moradas. Se assim não fosse, eu vos teria dito. Vou preparar um lugar para vós, e quando tiver ido e preparado um lugar, voltarei e vos levarei comigo, a fim de que onde eu estiver, estejais também vós" (Jo 14,1-3).

Os judeus entendiam que o templo de Jerusalém era a casa de Deus (1Cr 29,7; 2Cr 7,6; Esd 1,4). Mas Jesus não estava se referindo ao templo terreno, ele estava falando da verdadeira casa do Pai. Essa casa não é terrena, mas celestial, é o lugar da habitação de Deus (Sl 32[33],13-14; Is 63,15). Até mesmo Jesus referiu-se ao templo como a casa do Pai, quando expulsou os vendilhões (Jo 2,16).

Os Atos dos Apóstolos contam que Pedro e João subiram ao templo para rezar; era a hora nona (At 3,1). Muito cedo, porém, os cristãos, embora também frequentassem o templo, partiam o pão nas casas (At 2,46). *Fração do pão* foi o primeiro nome dado à celebração da eucaristia. Não havia edifícios próprios – igrejas – para a celebração eucarística.

No entanto, quando Jesus diz que "na casa de meu Pai há muitas moradas", significa que junto do Pai há lugar para todos os que o seguem. A casa do Pai não é um edifício; o céu não é um lugar, mas um estado de vida. O coração amoroso do nosso Deus

Trindade é o que Cristo nos preparou. O amor de Deus é nossa morada; nesse amor infinito há espaço para todos. Quando Jesus diz que *nos vai preparar um lugar,* ele se refere ao término de sua obra redentora, que passou pela cruz e pela ressurreição. Embora o Coração de Deus seja a morada que Cristo nos preparou, antes de todos os séculos, somente gozaremos dessa presença amorosa se tivermos sido discípulos do Senhor Jesus. Ele nos tomará consigo para estarmos com ele para sempre (Jo 14,3).

Em Deus todos os nossos afetos, todos os desejos de amar e de ser amados encontra morada. Ele nos criou por amor e para o amor. Diz o profeta Jeremias: "Antes que eu te formasse no ventre de tua mãe, eu te conheci; e, antes que saísses da madre, te santifiquei e às nações te dei por profeta" (Jr 1,5). O ato de criar, conhecer e amar é um único ato. Porque nos ama, Deus nos conhece de modo absolutamente único e nos concede a vida.

Nascemos como fruto do amor divino, e somente nos realizamos na medida em que nos amamos e nos deixamos amar. O amor que vivenciamos fora de nós só é verdadeiro se o recebemos de dentro, de Deus. Agostinho lamenta-se, em suas "Confissões", quando reconhece: "Tarde te amei, ó Beleza tão antiga e tão nova... Tarde te amei! Trinta anos estive longe de Deus. Mas, durante esse tempo, algo se movia dentro do meu coração... Eu era inquieto, alguém que buscava a felicidade, buscava algo que não achava... Mas tu te compadeceste de mim e tudo mudou, porque tu me deixaste conhecer-te. Entrei no meu íntimo sob tua guia e consegui, porque tu te fizeste meu auxílio. Tu estavas dentro de mim e eu fora".

Normalmente, vivemos em uma determinada casa, e de lá saímos para os nossos afazeres. Casa tem o sentido de estabilidade. Todos temos residência fixa, e apresentamos *atestado de residência.* Mas não temos aqui morada fixa. Diz o autor da carta aos Hebreus: "Não temos aqui cidade permanente, mas vamos em busca da futura" (Hb 13,14). "Nós, porém, somos cidadãos do céu" (Fl 3,20). "Estamos no tempo de nossa peregrinação" (cf. 1Pd 1,17). "Somos peregrinos e estrangeiros" (cf. 1Pd 2,11).

O mundo propõe muitos amores, uns verdadeiros, outros nem tanto. Como sabemos se o amor é verdadeiro? Afirma São João: "Se alguém disser: *Amo a Deus*, mas odeia o seu irmão, é mentiroso; pois quem não ama o seu irmão, a quem vê, não poderá amar a Deus, a quem não vê" (1Jo 4,20). Se Deus ama a todos, nosso amor deve alcançar a todos. O verdadeiro amor não conhece exclusões. Por isso, o amor consolida-se no perdão: "Acima de tudo, porém, tende amor intenso uns para com os outros, porque o amor cobre uma multidão de pecados" (1Pd 4,8).

Exatamente porque Deus nos criou únicos – cada um de nós é uma obra-prima de Deus – temos uma maneira própria de amar e de ser amados. O amor é diferente em cada pessoa, embora sejamos todos nascidos do mesmo amor divino. Quando somos chamados a pôr em comum nosso amor – por exemplo em uma vivência comunitária – temos dificuldades. Nosso modo de amar pode não ser devidamente entendido por outra pessoa, daí a dificuldade de viver a caridade fraterna.

Nosso amor é limitado, imperfeito. "No amor não há medo"; afirma o evangelista João (1Jo 4,18). Mesmo sendo imperfeitos, somos amados por Deus. Roger Schütz, fundador da Comunidade de Taizé, comenta: "Se tivéssemos de amar a Deus por medo, por receio do castigo, isso não seria amá-lo. O sinal absoluto de Deus, escreve São João, o místico, é que ele é amor. E seu amor, como todo amor, é em primeiro lugar confiança e perdão" (Roger Schütz, *Seu amor é um fogo,* São Paulo, Paulinas, 1992, p. 17).

Santo Agostinho costumava dizer que não há maior penitência do que viver bem em comunidade. Só Deus é capaz de entender nosso amor imperfeito, porque ele é o amor absolutamente perfeito. Em Deus existe uma morada, um espaço, onde nos encontramos em casa. Jesus preparou-nos essa morada. São palavras de São João: "Nós, que cremos, reconhecemos o amor que Deus tem para conosco. Deus é amor: quem permanece no amor, permanece em Deus, e Deus permanece nele" (1Jo 4,16).

Aqui na terra, a Igreja deve ser o símbolo dessa morada definitiva. É lamentável que muitas pessoas não a vejam assim. Santa e pecadora, ela foi instituída por Cristo, colocando à frente os apóstolos. Certamente, muitos erros cometeram os que conduziram a Igreja de Cristo durante os vinte séculos de história. Não foram poucas as fraquezas humanas que denegriram o evangelho de Jesus. Creio, no entanto, que foi bem maior o bem realizado pela força do Espírito de Jesus. Exemplos de santidade, o testemunho dos mártires, dos monges, das virgens, dos teólogos e das teólogas, dos cristãos leigos e consagrados, ministros ordenados, santos e das santas. No entanto, também a Igreja é passageira. "*Anunciamos, Senhor, a vossa morte e proclamamos a vossa ressurreição. Vinde, Senhor Jesus!*" (Liturgia da Missa). Celebramos, no tempo, a vida que será eterna na Casa do Pai.

Uma vez que a figura deste mundo passa (1Cor 7,31), preocupemo-nos em buscar a *morada eterna*, no amor do nosso Deus. Lá todos os nossos anseios e desejos de amar serão realizados. Fomos amados e criados para viver esse amor. Por isso, reza o primeiro prefácio dos defuntos: "A vida não é tirada, mas transformada. E, desfeito o nosso corpo mortal, nos é dado, nos céus, um corpo imperecível". Esse *corpo imperecível* viverá para sempre na morada que o Senhor Jesus nos preparou.

Antes que eu te formasse
(Jr 1,4-10)

Foi-me dirigida a palavra do Senhor nestes termos:
"Antes que eu te formasse no seio materno, eu te conhecia,
antes que saísses do ventre, eu te consagrei;
eu te estabeleci profeta das nações".
Respondi: "Ah! Senhor, eu não sei falar,
pois ainda sou criança".
Mas o Senhor me disse:
"Não digas: Sou criança,
mas vai àqueles aos quais eu te mandar
e anuncia o que eu te ordenar.
Não os temas, porque estou contigo para te livrar"
O Senhor estendeu a mão, tocou-me a boca
e me disse:
"Ponho minhas palavras em tua boca.
Hoje te constituo sobre os povos e sobre os reinos
para arrancar e demolir,
para abater e destruir,
para edificar e plantar".

15
Corações ao alto

"Porque os que são segundo a carne inclinam-se para as coisas da carne; mas os que são segundo o Espírito, para as coisas do Espírito" (Rm 8,5).

Na carta de São Paulo aos Colossenses, o apóstolo exorta: "Portanto, se já ressuscitastes com Cristo, buscai as coisas que são de cima, onde Cristo está assentado à destra de Deus" (Cl 3,1). Cristo está sentado à direita do Pai, a ele pertence todo poder e toda glória. "Digno é o Cordeiro, que foi morto, de receber a plenitude do poder, da riqueza, sabedoria, força, honra, glória e do louvor!" (Ap 5,12). De junto do Pai, pela mediação de Cristo, descem todas as bênçãos e graças sobre toda a humanidade. Por isso nossos corações devem elevar-se para nos encontrarmos com Cristo e com o Pai.

No entanto, afirma São João no prólogo do evangelho: "O Verbo se fez carne e habitou entre nós e vimos a sua glória, como a glória do unigênito do Pai, cheio de graça e de verdade" (Jo 1,14). Ele se fez um conosco por sua encarnação. A Igreja reza na solenidade da anunciação do Senhor: "Ó Deus, quisestes que o vosso Verbo se fizesse homem no seio da Virgem Maria; dai-nos participar da divindade do nosso Redentor, que proclamamos verdadeiro Deus e verdadeiro homem".

Portanto Jesus não está apenas no alto, mas vive entre nós, assumindo nossa natureza, nossas dores, nossas dificuldades, nossos pecados. Está presente em sua palavra, no mistério da eucaristia, na comunidade reunida em seu nome, nos irmãos, nos mais pequenos e sofredores: ele é nosso bom samaritano, que desceu para nos tomar nos braços, derramar o óleo e o vinho de seu amor e nos confiar à sua Igreja, a estalagem dos seus discípulos, para sermos curados dos males que nos afligem.

Se o Senhor está no meio de nós, por que devemos ter os nosso coração no alto? Se o nosso coração está em Deus, está no alto, isto é, não está preso às coisas deste mundo, "coisas que a traça e a ferrugem consomem e os ladrões roubam" (Mt 6,20). Como atestou Diogneto em sua carta: "Os cristãos habitam pátrias próprias, mas como peregrinos: participam de tudo, como cidadãos, e tudo sofrem como estrangeiros. Toda terra estrangeira é para eles uma pátria e toda pátria uma terra estrangeira" (n. 1).

Porque somos peregrinos devemos ter nosso coração no alto, junto do Senhor, para que possamos fazer comunhão com todos os seres humanos e com toda a criação em nossa casa comum. Ter no alto nosso coração significa não nos afundarmos na busca desenfreada daquilo que é provisório, daquilo que passa, colocando nosso coração e nossa esperança no único Bem que não passa. Uma vez mais Paulo nos adverte: "Pensai nas coisas que são de cima, e não nas que são da terra" (Cl 3,2). Não é um desprezo das coisas do mundo, mas uma elevação do mundo para Deus, que fará novas todas as coisas (Ap 21,5).

"Esta é a morada de Deus com os homens, pois com eles habitará, e eles serão o seu povo, e o mesmo Deus estará com eles, e será o seu Deus. E Deus limpará de seus olhos toda lágrima; e não haverá mais morte, nem pranto, nem clamor, nem dor, porque já as primeiras coisas são passadas (Ap 21,3-4).

A ti, ó Deus, louvamos!

A ti, ó Deus, louvamos, a ti, Senhor, confessamos.
A ti, Pai Eterno, toda a terra venera.
A ti, todos os anjos; a ti os céus e todas as potestades.
A ti, querubins e serafins aclamam sem cessar:
Santo, Santo, Santo, Senhor Deus dos exércitos,
Cheios, estão céu e terra da majestade de tua glória.
A ti, o glorioso coro dos apóstolos,
a ti, a venerável multidão dos profetas,
a ti, a legião dos mártires, louva.
A ti, pelo orbe terrestre, louva a Santa Igreja.
Ao teu venerado, verdadeiro e único Filho,
e também ao Santo Espírito Consolador.
Tu és Rei da glória, o Cristo.
Tu, do Pai és Filho sempiterno.
Tu, ao tornar-te homem, para libertar o homem,
não desdenhaste o seio da Virgem.
Rogamos-te, pois, que teus servos socorras:
aqueles que com precioso sangue redimiste.
Faze com que os teus santos na glória sejam contados.
Salva o teu povo, Senhor, e abençoa os teus herdeiros.
E dirige-os e engrandece-os para sempre.
Todos os dias te bendizemos!

16
A porta estreita

"Entrai pela porta estreita, porque larga é a porta e espaçoso o caminho que conduz à perdição, e numerosos são os que por aí entram. Estreita, porém, é a porta e apertado o caminho da vida e raros são os que o encontram" (Mt 7,13-14).

A exigência do evangelho deve questionar-nos se a vida que levamos, verdadeiramente, forma-nos e prepara para as diversas "portas estreitas da vida", inclusive para a porta estreita por excelência, que é o julgamento final. É muito significativo e profundo o fato de Jesus afirmar que muitos tentarão e não conseguirão entrar.

De fato, a prática do bem será sempre uma porta estreita, porque nunca foi fácil agir corretamente. Em todas as circunstâncias da vida sempre será menos exigente tomar as decisões que mais nos agradam, satisfazendo nossos instintos.

A porta estreita revela o quão importante é ter uma vida de intimidade com Cristo, que compromete o ser, ou seja, a vida em sua totalidade. Diz o apóstolo João: "Eis como sabemos se o conhecemos: se guardamos os seus mandamentos. Aquele que diz conhecê-lo e não guarda os seus mandamentos é mentiroso e a verdade não está nele" (1Jo 2,3-4). Conhecer Jesus é mais do que ter ouvido falar sobre ele; significa entrar em sua intimidade, conviver com ele, manter com ele um relacionamento profundo que implica a própria vida.

Jesus convida a mudar a orientação do coração para viver dando primazia absoluta ao amor a Deus e aos irmãos. A conversão não é algo teórico, mas exige uma decisão que transforma os nossos critérios e exige uma conduta nova. Se não ouvirmos esse chamado radical, correremos o risco de esvaziar a mensagem evangélica. O chamado de Jesus cria tensão, mas não angústia.

Para o autor da carta aos Hebreus, entrar pela porta estreita significa aceitar as correções que Deus faz para nos aproximar do modelo de vida que é Cristo. "Irmãos: Já esquecestes as palavras de encorajamento que vos foram dirigidas como a filhos: 'Meu filho, não desprezes a correção do Senhor, não te desanimes quando ele te repreende; pois o Senhor corrige a quem ele ama e castiga a quem aceita como filho'. É para a vossa correção que sofreis, e é como filhos que Deus vos trata. Pois qual é o filho a quem o pai não corrige. No momento mesmo, nenhuma correção parece alegrar, mas causa dor. Depois, porém, produz um fruto de paz e de justiça para aqueles que nela foram exercitados. Portanto firmai as mãos cansadas e os joelhos enfraquecidos; acertai os passos dos vossos pés, para que não se extravie o que é manco, mas antes seja curado" (Hb 12,5-7.11-13).

"Este esforço de entrar pela porta não consiste no rigorismo estreito, angustiante e definitivamente estéril que Jesus condenou tantas vezes nos círculos fariseus. Jesus, pelo contrário, chama à radicalidade – radical vem de raiz – e nos convida a mudar a orientação do coração para viver dando primazia absoluta ao amor de Deus e aos irmãos" (José Antonio Pagola, *O caminho aberto por Jesus*, Evangelho de Lucas, Petrópolis, Vozes, 2012, p. 236).

Pedido de ajuda e proteção
Salmo 24(25)

A ti, Senhor, elevo a minha alma! Em ti, meu Deus, eu confio!
Salva-me da vergonha da derrota.
Na verdade, os que em ti confiam nunca sofrerão a vergonha da derrota, porque os derrotados são aqueles que, sem motivo, se revoltam contra ti.
Oh, Senhor, meu Deus, ensina-me os teus caminhos, faze-me conhecê-los bem. Ensina-me a viver de acordo com tua verdade, porque tu és o meu Deus, o meu Salvador, e em ti espero todos os dias!
Lembra-te, oh Senhor, de que tua bondade e teu amor são eternos.
Esquece os pecados e os erros da minha juventude!
Lembra-te de mim segundo tua misericórdia e tua bondade, oh Senhor!

17
Correção fraterna

"Por que observas o cisco no olho de teu irmão e não prestas atenção à trave que está em teu próprio olho? Como podes dizer a teu irmão: 'Deixa-me tirar o cisco de teu olho', quando tu mesmo tens uma trave no teu? Hipócrita! Tira primeiro a trave de teu próprio olho, e então enxergarás bem para tirar o cisco do olho de teu irmão" (Mt 7,3-5).

A correção fraterna é algo delicado, porque pode causar constrangimento para quem é corrigido; por isso deve ser feita com amor. Nisso consistem a mensagem cristã e os ensinamentos de Jesus Cristo, que vê o outro como irmão. *"Se teu irmão pecar contra ti, vai corrigi-lo, mas em particular, a sós contigo! Se ele te ouvir, tu ganhaste o teu irmão"* (Mt 18,15). Na verdade, todos nós precisamos da correção fraterna, porque temos nossos pecados. A correção deve ajudar as pessoas a mudar de vida. Não há lugar para o orgulho, nem para uma atitude de superioridade da parte de quem realiza, e nem de humilhação para quem recebe.

A certeza de que Jesus está no meio de nós, onde existe verdadeiro amor (Mt 18,19-20), faz com que a caridade fraterna prevaleça sobre qualquer atitude interesseira e egoísta. A correção fraterna é uma oração em comum, dizia o Papa Bento XVI. "O perdão cristão brota de uma atitude religiosa. O cristão perdoa porque se sente perdoado por Deus. Toda outra motivação é secundária. Perdoa quem sabe que vive do perdão de Deus. Esta é a fonte última. *Perdoai-vos mutuamente como Deus vos perdoou em Cristo* (Ef 4,32). Esquecer isso é falar de outra coisa muito diferente do perdão evangélico" (José Antonio Pagola, *O Caminho aberto por Cristo*, ano de Lucas, Petrópolis, Vozes, 2012, p. 112).

O evangelho, no entanto, lembra também a possibilidade de que a correção fraterna não seja recebida pelo irmão que pecou. Jesus, então, acrescenta: "Se não te escutar, toma contigo uma ou duas pessoas, a fim de que toda a questão seja resolvida pela decisão de duas ou três testemunhas. Se recusa ouvi-los, dize-o à Igreja, e se recusar ouvir também a Igreja, seja ele para ti como um pagão e um publicano" (Mt 18,16-17). Mesmo assim, o pecador deve continuar a ser amado como Deus continua a nos amar. Devemos evitar qualquer ruptura com o irmão.

O cristão não é a Igreja: ele vive na comunidade eclesial com outros irmãos na fé. Ninguém se salva sozinho. Formamos, todos, a Igreja de Jesus Cristo, somos seus irmãos pela graça do batismo, e filhos adotivos de Deus, nosso Pai. A dimensão comunitária é fundamental na experiência cristã. "Vejam como é grande o amor que o Pai nos concedeu: sermos chamados filhos de Deus, o que de fato somos! Por isso o mundo não nos conhece, porque não o conheceu" (1Jo 3,1). O próprio Espírito testemunha ao nosso espírito que somos filhos de Deus (Rm 8,16). "Quando chegou a plenitude do tempo, Deus enviou seu Filho, nascido de mulher, nascido debaixo da Lei, a fim de redimir os que estavam sob a Lei, para que recebêssemos a adoção de filhos" (Gl 4,4-5). A correção fraterna é obra do amor entre irmãos. Quem ama corrige e aceita a correção.

Felicidade do perdão
Salmo 31(32)

Bem-aventurado aquele cuja transgressão é perdoada, e cujo pecado é coberto.

Bem-aventurado o homem a quem o Senhor não imputa maldade, e em cujo espírito não há engano.

Quando eu guardei silêncio, envelheceram os meus ossos pelo meu bramido em todo o dia.

Confessei-te o meu pecado, e a minha maldade não encobri. Dizia eu: confessarei ao Senhor as minhas transgressões; e tu perdoaste a maldade do meu pecado.

Alegrai-vos no Senhor, e regozijai-vos, vós os justos; e cantai alegremente, todos vós que sois retos de coração.

18
Cristo total

"Deste modo, o único Salvador de seu corpo, nosso Senhor Jesus Cristo, é o mesmo que ora por nós, ora em nós e recebe a nossa oração. Ele ora por nós como nosso sacerdote, ora em nós como nossa Cabeça, recebe a nossa oração como nosso Deus" (Santo Agostinho, séc. V, Comentários sobre os Salmos, Liturgia das Horas, Vol. II, p. 329).

Ao final da última Ceia, São João lembra as derradeiras recomendações de Jesus e, no capítulo dezessete, descreve a "Oração Sacerdotal", na qual Jesus eleva preces ao Pai pelos seus discípulos: "Por eles é que eu rogo. Não rogo pelo mundo, mas por aqueles que me deste, por que são teus. Pai santo, guarda-os em teu nome, que me encarregaste de fazer conhecer, a fim de que sejam um como nós" (Jo 17,9.11). Jesus rezou por nós como sumo sacerdote, porque elevou ao Pai não apenas sua oração, mas entregou sua vida por nossa salvação. Ele mesmo afirmou: "Ninguém tem maior amor do que aquele que dá a sua vida pelos seus amigos" (Jo 15,13).

A carta aos Hebreus afirma que Jesus, sumo sacerdote da Nova Aliança, "*se ofereceu uma só vez para tomar sobre si os pecados da multidão*" (Hb 9, 28), e desse modo realizou a vontade de Deus. A oração de Jesus libertou-nos para sempre do pecado e nos permitiu ingressar no Reino de Deus.

Jesus ora em nós, porque é a Cabeça de seu Corpo que é a Igreja (Cl 1,18). Somos todos membros desse Corpo e a vida que flui da Cabeça dá vida a todo o Corpo, transformando nossa vida em contínua oração. O Pai aceita nossa oração que sobe aos céus elevada pelas mãos redentoras de Cristo. Por ele nos tornamos filhos de Deus, porque *"o Pai enviou aos nossos corações o Espírito de seu Filho que clama Abba, Pai!"* (Gl 4, 6). Por seu Espírito, Jesus ora em nós com gemidos inefáveis (Rm 8,26).

Finalmente, como Deus, Jesus recebe a nossa oração. Por ele, com ele e nele toda a Igreja eleva a oração que sobe à Trindade Santa como ação de graças, louvor e pedido. Rezar é entrar na intimidade de Deus Pai, Filho e Espírito Santo, é fazer uma experiência de Deus. O mistério de Deus não pode ser objeto de mera pesquisa intelectual, embora essa possa contribuir para acolher o mistério; é preciso experimentar a vida de Deus a partir dos relacionamentos humanos. A Trindade é uma comunidade de amor entre as três Pessoas divinas. Por analogia, podemos compreender melhor esse relacionamento trinitário mediante nossas relações familiares, onde experimentamos a paternidade, a maternidade e o amor que torna pai, mãe e filhos uma só família. Mesmo não compreendendo intelectualmente o mistério de Deus, é possível experimentá-lo a partir dos laços do amor.

"Caríssimos, amemo-nos uns aos outros, porque o amor vem de Deus e todo aquele que ama é nascido de Deus e conhece a Deus. Nisto se manifestou o amor de Deus para conosco: em nos ter enviado ao mundo o seu Filho único, para que vivamos por ele" (1Jo 4,7.9).

Hino cristológico de Paulo
Fl 2,5-11

Seja a atitude de vocês a mesma de Cristo Jesus,
que, embora sendo Deus,
não considerou que o ser igual a Deus
era algo a que devia apegar-se; mas esvaziou-se a si mesmo,
vindo a ser servo, tornando-se semelhante aos homens.
E, sendo encontrado em forma humana,
humilhou-se a si mesmo e foi obediente
até a morte, e morte de cruz!
Por isso Deus o exaltou à mais alta posição
e lhe deu o nome que está acima de todo nome,
para que ao nome de Jesus se dobre todo joelho,
no céu, na terra e debaixo da terra,
e toda língua confesse que Jesus Cristo é o Senhor,
para a glória de Deus Pai.

19
Deus é Amor

"Amados, amemo-nos uns aos outros, porque o amor vem de Deus e todo aquele que ama é nascido de Deus e conhece a Deus. Quem não ama, não chegou a conhecer a Deus, porque Deus é amor" (1Jo 4,7-8).

Ao mestre da Lei que perguntou a Jesus sobre o maior mandamento, Jesus respondeu, fazendo alusão aos textos do Deuteronômio e do Levítico: "Amarás o Senhor, teu Deus, com todo o teu coração, com toda a tua alma e com todo o teu entendimento! (Dt 6,5). Este é o primeiro e o maior mandamento. E o segundo é semelhante a ele: Amarás teu próximo como a ti mesmo (Lv 19,18). Destes dois mandamentos dependem toda a Lei e os Profetas" (Mt 22, 37-40). Se Deus é o amor por excelência e nos ama sem medida, também o nosso amor deve ser incondicional em todas as circunstâncias e para todos.

Amar é permanecer em Deus (1Jo 4,16). Deus nos amou por primeiro; antes mesmo de sermos gerados no seio de nossa mãe, Deus nos amou e criou (Jr 1,5). Por isso, São João afirma que Deus nos amou primeiro, enviando seu Filho para o perdão dos nossos pecados (1Jo 4,10). Deus não espera que sejamos justos para nos amar; seu amor resgata o nosso pecado e nos introduz em sua Família Trinitária, a Família do Amor.

O Papa Bento XVI, em sua carta apostólica *Deus é amor*, observa: "Amor a Deus e amor ao próximo fundem-se em um todo: no mais pequenino, encontramos o próprio Jesus e, em Jesus, encontramos Deus" (n. 15). E acrescenta: "Nela [na primeira carta de João 4,20] se destaca o nexo indivisível entre o amor a Deus e o amor ao próximo" (n.16). E encerra: "Ele amou-nos primeiro, e continua a ser o primeiro a amar-nos; por isso também nós podemos responder com o amor. Deus não nos ordena um sentimento que não possamos suscitar em nós próprios. Ele ama-nos, faz-nos ver e experimentar o seu amor, e desta 'antecipação' de Deus pode, como resposta, despontar também em nós o amor" (n. 17).

A partir desse amor a Deus, continua o Papa, "revela-se como possível o amor ao próximo no sentido enunciado por Jesus, na Bíblia. Consiste precisamente no fato de que eu amo, em Deus e com Deus, a pessoa que não me agrada ou que nem conheço sequer" (n. 18). A Igreja, que é a família de Deus no mundo, é convocada pelo Senhor para o amor samaritano para com a humanidade, não só distribuindo ajuda material para os pobres, mas, acima de tudo, defendendo seus direitos essenciais como seres humanos, praticando e defendendo a justiça social junto à comunidade internacional. Afirma, ainda, o Papa Bento XVI: "Neste ponto, política e fé tocam-se. A fé tem, sem dúvida, a sua natureza específica de encontro com o Deus vivo – um encontro que nos abre novos horizontes muito para além do âmbito próprio da razão" (n. 28). E conclui: "[A Igreja] não pode nem deve colocar-se no lugar do Estado. Mas também não pode nem deve ficar à margem na luta pela justiça" (idem).

No capítulo 13 da primeira carta aos Coríntios, Paulo apresenta a excelência da caridade (1Cor 13,1-8). Depois de comentar a superioridade da caridade sobre todas as demais obras de bondade, conclui: “O amor tudo desculpa, tudo crê, tudo espera, tudo suporta. A caridade jamais acabará” (1Cor 13,7-8).

O amor tudo desculpa, tudo perdoa. Sem dúvida, perdoar é uma das mais difíceis atitudes a tomar. Perdoar é mais do que deixar de ter ódio; é amar quem nos ofende. Queimar no fogo da misericórdia todo e qualquer ressentimento. Recomeçar, pelo amor, uma nova caminhada, como Deus faz conosco, lavando nosso pecado em seu sangue redentor. Somente o perdão restaura a quem nos ofendeu e a nós que fomos ofendidos.

Tudo crê. Não há dano maior do que deixar de acreditar no irmão. Se não cremos em alguma pessoa, ela deixa de ter importância em nossa vida. Não acreditar é não reconhecer o valor que o irmão representa no meu desenvolvimento pessoal. Não me serve mais. Não significa mais nada em minha vida. Desacredito de sua capacidade de construir uma sociedade melhor.

Tudo espera. Cada um de nós tem um ritmo de vida. Nascemos em uma determinada família e nos formamos segundo seus princípios. Temos um DNA único, com seus pontos positivos e negativos. Ninguém é perfeito. Na sociedade, como na vida familiar, encontramos pessoas diferentes e únicas. É preciso saber esperar o outro, de acordo com sua capacidade de progredir. Se preferimos andar sozinhos, talvez, seja mais fácil e mais rápido, mas estaremos sós. É melhor caminhar mais devagar, mas com nossos irmãos, do que correr o risco de não aprender a viver em comunidade.

Tudo suporta. Em latim a palavra *suportar* significa *auxilium*. Longe da interpretação popular do português: *ceder*, *aguentar*, *resistir*, *tolerar*, *aturar*. Quando Paulo afirma que o amor tudo suporta, ele se refere principalmente ao sentido do verbo latino *sub-portare*, que significa *colocar-se por baixo*, exatamente para prestar um auxílio, para ajudar, para prestar um serviço, manifestar o amor, ajudando o outro a carregar seu fardo. É a lógica do lava-pés de Jesus na última Ceia. Abaixou-se para purificar os pés e as vidas dos seus discípulos, ainda não inteiramente convertidos.

Por tudo isso, a caridade jamais acabará. Deus é eterno e eterna é sua misericórdia (Sl 135[136],1). A figura deste mundo passa (1Cor 7,31) e com ele passam todas as coisas; só o amor não passa. Por isso Santa Teresinha do Menino Jesus queria ser, na Igreja, o coração, para amar a todos, sempre!

Hino à caridade
1Cor 13,1-10.13

Ainda que eu fale as línguas dos homens e dos anjos,
se não tiver amor, sou como um bronze que soa
ou um címbalo que retine.
Ainda que eu tenha o dom da profecia
e conheça todos os mistérios e toda a ciência,
ainda que eu tenha tão grande fé que transporte
montanhas, se não tiver amor, nada sou.

Ainda que eu distribua todos os meus bens
e entregue o meu corpo para ser queimado,
se não tiver amor, de nada me aproveita.
O amor é paciente, o amor é prestável, não é invejoso,
não é arrogante nem orgulhoso, nada faz de inconveniente,
não procura o seu próprio interesse,
não se irrita nem guarda ressentimento.
Não se alegra com a injustiça,
mas rejubila com a verdade.

Tudo desculpa,
tudo crê, tudo espera, tudo suporta.
O amor jamais passará.
As profecias terão o seu fim, o dom das línguas terminará
e a ciência vai ser inútil.
Pois o nosso conhecimento é imperfeito
e também imperfeita é a nossa profecia.
Mas, quando vier o que é perfeito,
o que é imperfeito desaparecerá.
Agora permanecem estas três coisas:
a fé, a esperança e o amor.
Mas a maior de todas é o amor.

20
Deus trindade

"O que Deus preparou para os que o amam é algo que os olhos jamais viram, nem os ouvidos ouviram, nem coração algum jamais pressentiu. A nós Deus revelou este mistério por meio do Espírito" (1Cor 2,9-10).

Celebramos em 7 de junho de 2020 a solenidade da Santíssima Trindade. Em Roma, na praça de São Pedro, por ocasião da recitação do *Ângelus*, o Papa Francisco dirigiu-se aos fiéis, comentando a perícope do evangelho do dia, onde Jesus se dirige a Nicodemos: "Deus amou tanto o mundo que deu o seu Filho único" (Jo 3,16). E afirmou: "Estas palavras indicam que a ação das três Pessoas divinas – Pai, Filho e Espírito Santo – é um único desígnio de amor que salva a humanidade e o mundo. Deus ama cada um de nós, mesmo quando cometemos erros".

O apóstolo João afirma o amor de Deus: *"Aquele que não ama não conhece a Deus, pois Deus é amor"* (1Jo 4,8). O mesmo apóstolo ainda diz que a maior manifestação e expressão da verdade de que Deus é amor foi o fato de ele ter enviado o seu Filho unigênito ao mundo como propiciação dos nossos pecados (1Jo 4,9-10). O amor de Deus por nós é sem medida. O mesmo apóstolo diz, ao iniciar a narrativa da paixão: "Antes da festa da Páscoa, sabendo Jesus que chegara a sua hora de passar deste mundo ao Pai, como amasse os seus que estavam no mundo, *até o extremo ele os amou*" (Jo 13,1). O amor de Deus é infinito. Não conhece limites. Amou-nos até mais não poder. Totalmente nos amou.

O Papa Francisco, na mesma mensagem do Ângelus, assegurou: "Estimados irmãos e irmãs, a festa de hoje convida-nos a deixarmo-nos fascinar mais uma vez pela beleza de Deus; beleza, bondade e verdade inesgotável. Mas também humilde, próxima, que se fez carne para entrar em nossa vida, em nossa história, para que cada homem e mulher possa encontrá-la e ter a vida eterna. E isto é fé: acolher a Deus amor que se doa em Cristo, deixar-se encontrar por ele e confiar nele. Deus amor se fez próximo em Jesus de Nazaré: 'E o Verbo de Deus se fez carne e habitou entre nós, e vimos sua glória, glória que o Filho único recebe de seu Pai, cheio de graça e de verdade' (Jo1,14). O Filho de Deus assume um corpo humano; vimos o rosto de Deus".

Afirma o Catecismo da Igreja Católica: 'O mistério da Santíssima Trindade é o mistério central da fé e da vida cristã. É o mistério de Deus em si mesmo. É, portanto, a fonte de todos os outros mistérios da fé e a luz que os ilumina" (n. 234). O mesmo Catecismo procura explicar o mistério, usando linguagem humanamente mais compreensível, comparando o amor divino com a experiência humana de paternidade e de maternidade, e conclui: "Convém então lembrar que Deus transcende à distinção humana dos sexos. Ele não é nem homem nem mulher, é Deus. Transcende também à paternidade e à maternidade humanas, embora seja a sua origem e a medida: ninguém é pai como Deus o é" (n. 239). Deus é a fonte do amor humano de um pai e uma mãe. Nesse sentido, o Papa João Paulo I afirmou que Deus tem amor de mãe.

Dom Valfredo Tepe comenta a relação entre as três Pessoas da Santíssima Trindade, quando afirma: "O Pai identifica e confirma o Filho em sua identidade única. O Filho, por sua vez, identifica e confirma o Pai em sua realidade única, dirigindo-se a ele com a expressão terna *Abba-Pai*, que é exclusiva para designar a primeira Pessoa da Santíssima Trindade. O Espírito Santo, o laço de união entre o Pai e o Filho, confirma o amor entre os dois e a identidade de cada um através dessa relação de amor" (V. Tepe, *Nós somos um*, Petrópolis, Vozes, 1991, p. 33). Três Pessoas, um único amor. Três Pessoas com três missões diferentes e complementares: o Pai Criador envia seu Filho, nosso Redentor e, ambos, enviam o Espírito Santificador. A tríplice ação divina une-se em um só amor.

José Comblin aprofunda esse mistério, quando comenta: "Em Jesus revela-se um Filho que recebe tudo do Pai e não é outra coisa a não ser dom recebido do Pai e manifestação do dom do Pai. A essa relação, o próprio Jesus dá o nome de amor. *O Pai ama o Filho e entregou tudo em suas mãos* (Jo 3,35). O amor do Pai não é amor de proprietário e não consiste em orientar para si mesmo o objeto amado. Não é amor de desejo, nem amor de posse. Mas é amor que entrega" (J. Comblin, *Jesus, enviado do Pai*, São Paulo, Paulus, 2009, p. 15).

Quando os discípulos, enviados por Jesus, retornaram da missão, contando as maravilhas operadas, o evangelista Lucas descreve a atitude do Mestre, elevando ações de graças ao Pai: "Naquela mesma hora, Jesus exultou de alegria no Espírito Santo e disse: 'Pai, Senhor do céu e da terra, eu te dou graças porque escondeste essas coisas aos sábios e inteligentes e as revelaste aos pequeninos. Sim, Pai, bendigo-te porque assim foi de teu agrado'" (Lc 10,21). A alegria é dom do *Divino Sopro*, que exulta, quando o Reino de Deus é anunciado para a salvação do mundo. O Espírito é o *Sopro de amor* do Pai e do Filho, nosso eterno Advogado (cf. Jo 14,16). "O júbilo do ABBA, e tudo o que Jesus viveu como caminho para nós, ensina-nos que precisamos tornar-nos pequenos diante de Deus e humildes diante das pessoas para poder sermos admitidos no eterno júbilo pelo ABBA" (Bernhard Häring, *Comentário ao Pai Nosso*, Aparecida, Ed. Santuário, 1998, p. 25-26).

O Espírito Santo que Jesus nos enviou, o Espírito da Verdade, não falará por si mesmo, mas dirá o que ouvir, e nos comunicará toda a verdade (cf. Jo 16,13). Afirma Santo Atanásio: "Os dons que o Espírito distribui a cada um vêm do Pai por meio do Verbo. De fato, tudo o que é do Pai é do Filho; por conseguinte, as graças concedidas pelo Filho, no Espírito Santo, são dons do Pai. Igualmente, quando o Espírito está em nós, está em nós o Verbo de quem recebemos o Espírito, e, com o Verbo, está também o Pai" (Das Cartas de Santo Atanásio, bispo, século IV, *Luz, esplendor e graça na Trindade e da Trindade* – Liturgia das Horas, Vol. III, p. 530).

O mistério da Santíssima Trindade não pode ser compreendido pela razão humana. Os estudos teológicos ajudam, em parte, a nos aproximarmos do mistério. Somente quando vivermos profundamente o amor, poderemos adentrar, o quanto humanamente seja possível, no mistério de Deus. "Deus não é uma divindade abstrata, um criador que faz o universo, e depois recua para deixá-lo por conta própria ou que siga o próprio caminho... O Deus da Bíblia é comprometido" (C. Baxter e Kruger, PhD, *De volta à Cabana*, Rio de Janeiro, Sextante, 2011, p. 75). "Há um só Senhor, uma só fé, um só batismo. Há um só Deus e Pai de todos, que atua acima de todos, por todos e em todos" (Ef 4,5-6).

Hino à Santíssima Trindade

Meu Deus, Trindade a quem adoro,
a Igreja nos submerge em teu mistério:
confessamos e te bendizemos,
Senhor, Deus nosso.
Como um rio no mar de tua grandeza,

o tempo desemboca em hoje eterno,
o pequeno se alarga no infinito,
Senhor, Deus nosso.
Ó, Palavra do Pai, nós te escutamos;
ó, Pai, olha o rosto de teu Verbo;
ó, Espírito de amor, vem a nós,
Senhor, Deus nosso.
Deus meu, Trindade a quem adoro,
faze de nossas almas teu céu,
leva-nos ao lar onde habitas,
Senhor, Deus nosso.
Glória ao Pai, e ao Filho, e ao Espírito:
fonte de gozo pleno e verdadeiro,
ao Criador do céu e da terra,
Senhor, Deus nosso. Amém.

21
Entre vós não deverá ser assim

"Vós sabeis que os chefes das nações têm poder sobre elas e os grandes as oprimem. Entre vós não deverá ser assim. Quem quiser tornar-se grande, torne-se vosso servidor; quem quiser ser o primeiro, seja vosso servo. Pois o Filho do Homem não veio para ser servido, mas para servir e dar a sua vida como resgate em favor de muitos" (Mt 26,25-28).

A mãe de Tiago e João pediu a Jesus aquilo que muitas mães entendem ser o mais importante para os seus filhos. Ele falava repetidamente no Reino de Deus, em seu Reino; nada mais justo que pleitear um lugar de destaque na inauguração desse Reino, se possível, um lugar à direita e outro à esquerda. Em outras palavras, os cargos principais.

Era compreensível que os outros dez discípulos não gostassem dessa solicitação. A ambição humana fala mais alto; eles se sentem desprestigiados, pois também desejam os maiores postos. Na sociedade é assim: pela busca do poder e da fama tudo se faz, tudo é permitido, tudo é válido, tudo é ético. A ânsia do poder não tem limites. Se possível, deseja-se exercê-lo por toda a vida, mesmo quando já não se tem mais condições físicas ou mentais. O poder fascina. É como o ópio. No deserto, Jesus afastou a tentação do poder decididamente: "O demônio transportou-o uma vez mais a um monte muito alto, e lhe mostrou todos os reinos do mundo e sua glória, e disse-lhe: 'Eu te darei tudo isto se, prostrando-te diante de mim, me adorares'. Respondeu-lhe Jesus: 'Para trás, Satanás, pois está escrito: *Adorarás o Senhor, teu Deus, e só a ele servirás*'" (Mt 4,8-10).

O desejo de poder afeta também a Igreja. Se tantos discípulos de Cristo seguem seus exemplos de humildade, colocando-se a serviço dos mais pobres e dos excluídos de nossa sociedade, há também os que aspiram a cargos e fazem tudo para consegui-los. Somos humanos, e sujeitos a todo tipo de tentação.

Falando dos carismas, Paulo afirma ser Deus quem opera tudo em todos (cf. 1Cor 12, 6); não há, pois, razão para fazer prevalecer os interesses pessoais. A vocação é um chamado de Deus, e ele nos enriquece com os dons necessários para a missão. Não precisamos procurar outros lugares que nos pareçam mais convenientes; o Senhor já nos preparou o lugar em sua divina Providência.

Servir sempre!

Senhor Jesus Cristo, vós que vivestes entre nós e conhecestes nossa humanidade, tocai em nossa existência e despertai-nos cada dia em vosso amor infinito. Vós que chamastes os apóstolos e eles vos seguiram fielmente, dai-nos a graça de vos seguir com ardor missionário e com o vigor da fé.

A exemplo dos apóstolos, muitos vos seguiram e vos serviram nos irmãos e nas irmãs. Por isso, Senhor, nosso Deus e Salvador, colocamo-nos diante de vós, e vos pedimos que ilumineis nossa vida e nos ajudeis a descobrir o caminho que desejais que percorramos. Passai pelas nossas comunidades e nossas famílias, pelas nossas escolas e tantos outros lugares e repeti vosso suave convite:

"Segui-me! Vinde e vede!" Dai a força de vossa ressurreição a todos os que já responderam ao vosso chamado, e inspirai aqueles que agora escutam vosso convite. Que todos vos sirvam com alegria e generosidade na vida consagrada, no ministério sacerdotal, como apóstolos leigos, como pais e mães de famílias, como pessoas adultas na fé. Aumentai, Senhor, os colaboradores de vosso Reino.

Maria Santíssima, Mãe de Cristo e nossa Mãe, ajudai-nos a viver o chamado e o ensinamento de vosso Filho. Amém.

22
A perseverança

"Eu vos digo: pedi e vos será dado; buscai e achareis; batei e a porta vos será aberta. Pois todo aquele que pede recebe; aquele que procura encontra; e ao que bate, se lhe abrirá" (Lc 11,9-10).

A fé e a esperança são virtudes teologais que se completam. Cremos em Deus, por isso esperamos seu auxílio, sua ajuda. "Tudo o que pedirdes na oração, se crerdes, recebereis" (Mt 21,22). O salmista ora: "Busquei o Senhor e ele me respondeu e de todos os temores me livrou" (Sl 33[34],4). O apóstolo João, na última Ceia, lembra as palavras de Jesus: "Se permanecerdes em mim, e minhas palavras permanecerem em vós, pedireis o que quiserdes, e vos será concedido" (Jo 15,7). Tudo nos convida à perseverança, porque as palavras do Senhor são palavras de vida eterna.

A Bíblia diz que a perseverança melhora nosso caráter, fortalece nossa fé e traz recompensa (Tg 1,2-4). Somente quem não desiste da fé em Jesus recebe a recompensa que Deus tem preparado. A perseverança cresce à medida que enfrentamos dificuldades. Ninguém gosta de passar por tempos difíceis, mas Deus permite o sofrimento para nos ajudar a crescer. Somente aprendemos a perseverar quando nossa fé é provada (Rm 5,3-5).

Nos momentos de dificuldade não é fácil discernir a vontade de Deus. Em geral, prevalece a nossa vontade. Nossas necessidades falam mais alto e preferimos acreditar nos nossos planejamentos. Entramos em crise de fé e a esperança cede lugar à dúvida e à angústia. Nesses momentos devemos, com fé, depositar nossa esperança em Jesus, rocha e segurança de nossa vida (cf. Mt 7,24-25).

Ao longo da vida, enfrentamos várias provações e, à medida que as superamos, nossa fé e nossa perseverança ficam mais fortes. As dificuldades vividas em Deus nos fortalecem: "Bendito seja o Senhor, pois atendeu os meus pedidos. O Senhor é minha força e meu escudo. Nele confiou meu coração e do Senhor recebeu favor. Todo o meu ser muito se alegrou, e com o meu cântico eu o louvarei" (cf. Sl 27(28),6-8).

José Antonio Pagola comenta: "Talvez a tragédia mais grave do ser humano de hoje seja sua crescente incapacidade para a oração. Estamos esquecendo o que é orar. Reduzimos o tempo dedicado à oração e à reflexão interior. Parece que as pessoas estão perdendo a capacidade do silêncio interior. Não é possível viver o vigor da fé sem a oração. Precisamos orar para nos libertarmos, aos poucos, daquilo que nos impede de sermos mais humanos" (cf. *O caminho aberto por Jesus, Evangelho de Lucas*, Petrópolis, Vozes, 2012, p. 198-200).

Termino com o pensamento do professor Carlos Martendal: "'Se procuras a Deus, ele se deixará encontrar, mas se o abandonas, te rejeitará para sempre', ensina o autor sagrado (1Cr 28,9). Deixemos o que é mau, fiquemos com o que é bom. 'Só Deus é bom' (Mt 10,18). Fiquemos com Deus, joguemo-nos em seu coração, manso e humilde. Coração que acolhe os que se deixam guiar e amar por ele" (*A alegria de ser feliz*, Comunidade Divino Oleiro, Florianópolis, 2015, p. 43).

Salmo 129(130)

Senhor, escuta minha voz. Que teus ouvidos estejam atentos
à voz da minha súplica.
Se consideras as culpas, Senhor, Senhor, quem pode aguentar?
Mas em ti se encontra o perdão, para seres venerado com respeito.
Espero no Senhor, minha alma espera em sua palavra.
Minha alma aguarda o Senhor mais que as sentinelas a aurora.
Mais que as sentinelas a aurora,
Israel espere o Senhor, porque junto do Senhor está a misericórdia,
e junto dele a redenção é copiosa.
Ele vai redimir Israel de todas as suas culpas.

23
Eu sei em quem acreditei

"Esta é a causa pela qual estou sofrendo, mas não me envergonho, porque sei em quem coloquei minha fé. E tenho a certeza de que ele é capaz de guardar aquilo que me foi confiado até o grande dia" (2Tm 1,12).

Vivemos em um mundo dominado pela mídia eletrônica. Há mesmo um excesso de informações, verdadeiras ou não, que influenciam o modo de pensar e de agir da comunidade humana. Nesse universo de informações somos, muitas vezes, traídos pelas *fake news, notícias falsas* que desafiam nossa credibilidade. O que está certo? O que é falso? Qual o verdadeiro sentido da vida? Em quem devo acreditar? Inclusive a fé cristã é posta à prova neste contexto turbulento.

Paulo, o apóstolo das nações, preso em Roma, sentindo a proximidade de seu martírio, escrevia a segunda carta a Timóteo, sua última carta, afirmando sua fé em Cristo: *Eu sei em quem acreditei.* A certeza absoluta na pessoa de Jesus, morto e ressuscitado, Senhor do mundo e da história. Somente ele destruiu a morte e fez brilhar a vida e a imortalidade (2Tm 2,10). O Cristo crucificado, escândalo para os judeus e loucura para os pagãos (1Cor 1,23), foi a segurança última para Paulo em sua caminhada para o martírio. Quando se tem certeza daquilo que nos espera e de quem nos promete o que esperamos, é possível entregar a própria vida. Por isso, São Paulo podia afirmar: "Combati o bom combate, terminei a minha carreira, guardei a fé. Desde já me está reservada a coroa da justiça, que me dará o Senhor, o justo Juiz, naquele dia" (2Tm 4,7-8).

Não é possível *combater o bom combate* sem Cristo. Sem ele as lutas e as vicissitudes da vida tornam-se embates perigosos. É preciso revestir-se da armadura de Deus para vencer os príncipes das trevas, as hostes espirituais e a maldade, tendo sobre os ombros a verdade e a couraça da justiça, calçados os pés no evangelho da paz. Protegidos pelo escudo da fé, o capacete da salvação e a espada do Espírito, que é a palavra de Deus (Ef 6,13-17). Não podemos subestimar o poder do mal que reina no mundo e nem supervalorizar nossa capacidade de vencer sozinhos as solicitações do mal. Só Cristo venceu o mundo por sua entrega na cruz e por sua ressurreição (Jo 16,33).

A história da Igreja comprova a certeza da presença salvadora de Jesus em nosso meio. Muitas dificuldades, provações e, até mesmo, escândalos permearam a caminhada de nossa Igreja através dos séculos. Heresias, contratestemunhos, situações de imoralidade e de infidelidade à fé verdadeira, decadência geral dos costumes. Atravessar essa turbulência só foi possível graças à graça de Cristo, Cabeça da Igreja, seu corpo. Ele não cessou de derramar o seu Espírito sobre nós, renovando constantemente os corações e a face da terra. Assim a Igreja pôde anunciar o evangelho da salvação por todo o mundo (At 1,8), oportunizando a todos os povos o conhecimento de Cristo, caminho, verdade e vida (Jo 14,6).

A fé dos discípulos de Emaús se reavivou a partir da escuta da palavra do Senhor e da fração do pão (Lc 24,13-35). Cristo palavra, Cristo pão: as duas presenças fundamentais de Jesus em sua Igreja. Aprofundamos a intimidade com Cristo, nosso Salvador, entrando em contato com sua palavra, amando-o de todo o coração. Nele se encontra a nossa paz. Na leitura e na meditação da Sagrada Escritura tocamos o próprio Cristo, enquanto for recebida como a palavra de Deus.

A Bíblia nos oferece Cristo como alimento, pois *não só de pão vive o homem, mas de toda a palavra que sai da boca de Deus* (Mt 4,4). "A Palavra de Deus é sempre criadora de vida. É o instrumento de Deus, para que se forme em nós o *homem interior*, Cristo habitando em nosso coração, para que sejamos *enraizados e fundados em seu amor*" (G. Auzou, *A Palavra de Deus,* São Paulo, Ed. Duas Cidades, 1967, p. 442).

A Sagrada Escritura revela Cristo; a eucaristia comunica a plenitude de seu ser. O mesmo Espírito Santo, que ilumina e faz arder o coração, quando entramos em contato com a palavra de Deus, torna presente o Corpo e o Sangue de Cristo sobre o altar para saciar nossa fome de Deus. Afirma o Catecismo da Igreja Católica: "O Senhor nos convida insistentemente a recebê-lo no sacramento da Eucaristia: 'Em verdade, em verdade, vos digo: se não comerdes a Carne do Filho do Homem e não beberdes o seu Sangue, não tereis a vida em vós' (Jo 6,53)" (n. 1384). A eucaristia é a fonte e o ápice de toda a vida cristã (LG 11). Rezamos com a Igreja: "Ó Sagrado Banquete em que se recebe Cristo e se comemora a sua paixão, em que a alma se enche de graça e nos é dado o penhor da futura glória".

Sede de Deus

Salmo 41(42)

Assim como o cervo brama pelas correntes das águas, assim suspira a minha alma por ti, ó Deus!

A minha alma tem sede de Deus, do Deus vivo; quando entrarei
e me apresentarei ante a face de Deus?

As minhas lágrimas servem-me de mantimento de dia e de noite,
enquanto me dizem constantemente: 'Onde está o teu Deus?'

Quando me lembro disto, dentro de mim derramo a minha alma;
pois eu havia ido com a multidão. Fui com eles à casa de Deus,
com voz de alegria e louvor, com a multidão que festejava.

Por que estás abatida, ó minha alma, e por que te perturbas em mim?
Espera em Deus, pois ainda poderei louvá-lo, a ele, que é a salvação
da minha face.

24
João Batista

"Houve um homem enviado por Deus; seu nome era João. Veio para dar testemunho da luz e para preparar para o Senhor um povo bem disposto a recebê-lo" (Jo 1,6-7).

A figura de João Batista sempre arrebatou o coração do povo cristão. Seu nascimento e sua vida foram marcados por fatos extraordinários. O evangelista Lucas conta em detalhes o início desta história (Lc 1). Zacarias, pai de João Batista, era sacerdote da classe de Abias e, por sorteio, coube-lhe oferecer incenso no templo. Zacarias era idoso e sua esposa Isabel, também idosa, era estéril. Durante a oferta de incenso, um anjo lhe apareceu, anunciando que Isabel lhe daria um filho, a quem deveria chamar João. O significado do nome já indicava a missão. João significa *Deus é cheio de graça, agraciado por Deus ou a graça e misericórdia de Deus* e *Deus perdoa.* Isabel concebe seu filho, motivo de admiração e alegria para toda a vizinhança (Lc 1,65).

João Batista cresceu, e andava pelo deserto da Judeia (Mt 3,1). "As roupas de João eram feitas de pelos de camelo, e ele usava um cinto de couro na cintura. O seu alimento era gafanhotos e mel silvestre" (Mt 3,4). Com certeza, conviveu com os essênios em Qumran, e deles aprendeu a viver sobriamente e no espírito de penitência. Veio para o Rio Jordão, começando sua pregação e seu batismo de conversão (Mt 3,23). Quando Jesus vem para ser batizado, João reluta: "João, porém, tentou impedi-lo, dizendo: 'Eu é que preciso ser batizado por ti, e tu vens a mim?'" (Mt 3,14). Jesus o convence: "'Deixa assim por enquanto; convém que assim façamos, para cumprir toda a justiça!' E João concordou" (Mt 3,15).

O povo tinha João Batista como o Messias que deveria vir, embora ele o negasse: "Aquele que vem depois de mim é superior a mim, porque já existia antes de mim" (Jo 1,15). "Eu não sou o Cristo" (Jo 1,20). "Eu sou a voz do que clama no deserto: 'Façam um caminho reto para o Senhor!'" (Jo 1,23). "Eu batizo com água, mas entre vocês está alguém que vocês não conhecem" (Jo 1,26). "Ele é aquele que vem depois de mim, e não sou digno de desamarrar as correias de suas sandálias!" (Jo 1,27).

O próprio Jesus, no entanto, reconheceu a grandeza de João. "O que vocês foram ver no deserto? Um caniço agitado pelo vento?" (Mt 11,7). "Digo a verdade a vocês: do meio dos nascidos de mulher não surgiu ninguém maior do que João Batista; todavia, o menor no Reino dos Céus é maior do que ele" (Mt 11,11). E adverte: "Porque João veio para mostrar o caminho da justiça, e vocês não creram nele, mas os publicanos e as prostitutas creram. E, mesmo depois de verem isso, vocês não se arrependeram nem creram nele" (Mt 21,32).

O prefácio da missa da solenidade de São João Batista proclama: "Foi o único dos profetas que mostrou o Cordeiro redentor. Batizou o próprio autor do batismo nas águas assim purificadas e, derramando seu sangue, mereceu dar perfeito testemunho de Cristo. A oração do dia da solenidade pede: *Ó Deus, que suscitastes São João Batista a fim de preparar para o Senhor um povo perfeito, concedei à vossa Igreja as alegrias espirituais e dirigi os nossos passos no caminho da salvação e da paz*".

João Batista tinha uma personalidade forte e arrebatadora. Duas caraterísticas são marcantes: coerência de vida e fidelidade à missão. Pregava a penitência e a vivia com assiduidade (Mt 3,4). Preparou com dignidade a vinda de Jesus com total despojamento de si mesmo e inteiramente focado em sua missão, demonstrando absoluta fidelidade a Jesus: "É preciso que ele cresça e que eu diminua" (Jo 3,30). Jesus é o "Cordeiro de Deus que tira o pecado do mundo" (Jo 1,29). João é o precursor, aquele que vai à frente abrindo e endireitando caminhos, aplainando colinas, preenchendo vales (Is 40,3-4).

Fiel à sua missão, ele anunciou a chegada do Salvador; não se colocou no lugar dele. Terminada sua missão, afasta-se, volta para o deserto. Agora é a hora de o Messias entrar em cena. Ocupou com dignidade e com fidelidade seu lugar na História da Salvação. Em nosso ministério [o sacerdócio] corremos o risco de anunciar a nós mesmos e não a Cristo. O desejo de autopromoção pode trair nosso testemunho cristão. Nossa missão é preparar os caminhos do Senhor, não ocupar o seu lugar. Pregar a nós mesmos e não a Cristo é infidelidade à vocação que o Senhor nos confiou.

Benedictus (Canto de Zacarias)

Bendito seja o Senhor, Deus de Israel, que a seu povo visitou e libertou; e fez surgir um poderoso Salvador na casa de Davi, seu servidor,

como falara pela boca de seus santos, os profetas desde os tempos mais antigos, para salvar-nos do poder dos inimigos e da mão de todos quantos nos odeiam.

Assim mostrou misericórdia a nossos pais, recordando a sua santa Aliança e o juramento a Abraão, o nosso pai, de conceder-nos que, libertos do inimigo,

a ele nós sirvamos sem temor, em santidade e em justiça diante dele, enquanto perdurarem nossos dias. Serás profeta do Altíssimo, ó menino, pois irás andando à frente do Senhor para aplainar e preparar os seus caminhos,

anunciando ao seu povo a salvação, que está na remissão de seus pecados; pelo amor do coração de nosso Deus, Sol nascente que nos veio visitar

lá do alto como luz resplandecente a iluminar a quantos jazem entre as trevas e na sombra da morte estão sentados, e para dirigir os nossos passos, guiando-nos no caminho da paz.

25
Há um só Senhor

"Façam todo o esforço para conservar a unidade do Espírito pelo vínculo da paz. Há um só corpo e um só Espírito, assim como a esperança para a qual vocês foram chamados é uma só; há um só Senhor, uma só fé, um só batismo, um só Deus e Pai de todos, que é sobre todos, por meio de todos e em todos" (Ef 4,3-6).

Todos os anos, na semana que antecede a solenidade de Pentecostes, as Igrejas cristãs celebram a Semana da Unidade, elevando preces a Deus para que todos os seguidores de Cristo se unam na mesma fé, na pregação do mesmo evangelho e na vivência da caridade perfeita (Jo 17,21). No hemisfério Norte, o período tradicional para a Semana de Oração pela Unidade Cristã (SOUC) é de 18 a 25 de janeiro.

No hemisfério Sul, por sua vez, as Igrejas geralmente celebram a Semana de Oração no período de Pentecostes, que também é um momento simbólico para a unidade da Igreja. No Brasil, o Conselho Nacional de Igrejas Cristãs (**CONIC**) lidera e coordena as iniciativas para a celebração da Semana em diversos estados. No ano de 2020, o tema da Semana da Unidade é: "**Gentileza gera gentileza**", inspirado na passagem de Atos 28,2 – relato em que Paulo é gentilmente acolhido após um naufrágio.

O apóstolo Paulo faz um apelo à unidade, tendo como fundamento a unidade da Santíssima Trindade. A unidade cristã não implica necessariamente uniformidade. Vivenciamos a unidade na diversidade e na pluralidade de dons, de vocações e ministérios. As nossas diferentes habilidades e capacidades cooperam para um serviço melhor. Elas somam e não dividem, quando há unidade espiritual. Diz São Paulo: *"São todos apóstolos? São todos profetas? São todos mestres? Têm todos o dom de realizar milagres? Têm todos dons de curar? Falam todos em línguas? Todos interpretam?"* (1Cor 12,29-30).

A unidade na Igreja é, antes de tudo, uma graça; é preciso pedi-la. Não constitui apenas um esforço humano, embora este seja também necessário. A ação divina conta com a nossa colaboração. Seria muito cínico pedir unidade e viver em contínua divisão e discórdia. Afirma São Cirilo de Alexandria: "Embora sejamos separados, somos muitos, e, em cada um de nós, Cristo faz habitar o Espírito do Pai, que é também o seu. Todavia, o Espírito é um só e indivisível e, com sua presença e ação, reúne os que individualmente são distintos uns dos outros, fazendo com que em si mesmo todos sejam um só" (cf. *Comentário sobre o Evangelho de São João*, Liturgia das Horas, Vol. II, p. 800-801).

A Igreja como corpo é uma unidade espiritual onde todos estão unidos em Cristo. Chamamos de *"o Corpo Místico de Cristo"*, Cristo Cabeça e nós os membros (cf. 1Cor 12,4-30). O *estar em Cristo* indica nossa união espiritual com Jesus. Quando não há entendimento de que somos um corpo, a diversidade gera divisão e não cooperação mútua. Um corpo saudável é constituído por vários membros e órgãos que trabalham em harmonia. Cada membro, desempenhando sua função com excelência, coopera para o crescimento do corpo.

Não é difícil perceber quando a obra é do Espírito ou da carne. Os resultados falam por si. É a obra do Espírito que garante a unidade, são as obras da carne que geram divisão e partidarismo na Igreja. O Espírito Santo é a terceira Pessoa da Trindade divina, é a fonte da unidade. A Igreja é composta por pessoas, mas a sua dinâmica é espiritual. O Espírito Santo opera, dinamizando a Igreja para cumprir sua missão na terra. O Espírito Santo é o unificador. Ele nos liga a todos e nos faz ser um. Onde o Espírito opera não há espaço para sentimentos de dissensões e divisões (cf. Pedro Pamplona – https://doisdedosdeteologia.com – o-fundamento--da-unidade-crista).

Por isso é impossível ser cristão e estar dividido na Igreja, estar unido a Deus e em divisão com o povo de Deus: ele é o fundamento principal de nossa unidade cristã. A unidade da Igreja é, pois, desejada e construída por Deus. Precisamos preservá-la no amor. A Igreja primitiva vivia concretamente essa unidade: "Perseveravam eles na doutrina dos apóstolos, nas reuniões em comum, na fração do pão e nas orações" (At 2,42). Na Igreja não deveria haver espaço para partidos, contendas, divisões, ideologias.

São Paulo adverte: *"Assim nós, que somos muitos, somos um só corpo em Cristo, mas individualmente somos membros uns dos outros" (Rm 12,5). Se somos membros de um único corpo, o Corpo de Cristo, e somos animados por seu Espírito, o pecado da desunião é intolerável; destruímos a nós mesmos, e damos um testemunho falso de nossa fé.* A participação comum no mesmo Espírito deveria destruir toda desavença. O Espírito Santo é o princípio unificador na Igreja local (1Cl 12,4-11). Somente ele pode nos unir a Cristo. Sem ele não há vida nem poder na Igreja. Onde reina o Espírito Santo existe amor, porque o amor é fruto do Espírito.

Oração pela unidade da Igreja

Ó Deus todo poderoso e cheio de misericórdia,
que por vosso Filho
quisestes reunir a diversidade das nações em um só povo,
concedei aos que se gloriam do nome de cristãos

rejeitarem toda divisão
e se unirem na verdade e na caridade,
e assim todos os homens e mulheres,
iluminados pela luz da verdadeira fé,
se reúnam em comunhão fraterna em uma só Igreja.
Por Cristo, nosso Senhor.
Amém.

26
Eu vos escolhi

"Não fostes vós que me escolhestes, mas fui eu que vos escolhi" (Jo 15,16).

Gisela Renate Jost de Moraes, conhecida como "Dra. Renate" – criadora do método Abordagem Direta do Inconsciente -, em uma de suas muitas palestras abordou o tema da vocação. Afirmou a pesquisadora que já no útero materno o feto é iluminado por uma luz extraordinária, que lhe diz *eu te amo.* E o feto responde*: eu te amo também.* Esta resposta de amor seria o início da vocação.

A afirmação lembra o profeta Jeremias, quando diz: "Antes mesmo de te formar no ventre materno, eu te escolhi; antes que viesses ao mundo, eu te separei e te designei para a missão de profeta para as nações!" (Jr 1,5). A vocação, qualquer que ela seja, é dom divino. Por extensão, vocação é um talento, uma aptidão natural, uma capacidade específica para executar uma missão. Por isso cada pessoa precisa, no decorrer de sua vida, percorrer o caminho que a ajude a descobrir o seu chamado essencial de ser e agir, que é único e irrepetível. A partir desse momento, sua vocação específica encontrará um chamado mais profundo sobre como deve ser e agir na própria vocação.

A palavra *vocação* vem do verbo latino *vocare – chamar* ou *chamamento.* O chamado à vida é o primeiro e o fundamental. Para o cristão, a vocação batismal é o segundo passo. A criança ou o adulto recebe de Deus o dom da fé, mediante a colaboração dos pais e padrinhos. Ser a imagem de Deus é a primeira e fundamental vocação do ser humano (Catecismo, n. 1260). A vocação radical. Faz parte da essência da vocação humana; as ocasiões, as condições e os modos de viver na prática essa vocação são secundários. O Catecismo da Igreja Católica lembra ainda outros aspectos: colaborar com Deus na obra da criação (n. 307); entrar em comunhão com Deus (n. 27 e 44); manifestar Deus ao mundo (n. 2085); procurar Deus (n. 30); buscar a vida eterna (n. 1998 e 2820); tudo isso focado profundamente no amor (n. 1604, 2331, 2392).

No sentido religioso, vocação significa um chamado de Deus para a realização de uma missão específica: um serviço ao próximo. Deus nos chama para viver seu projeto de amor. Vocação religiosa é um chamado de Deus para a prática religiosa, é louvar e servir a Deus e ao próximo. Ter vocação religiosa é estar disponível para separar-se das coisas que são do mundo e que não são do agrado de Deus. Para descobrir qual é a vocação a que se sente chamado por Deus, é preciso um processo de discernimento. À medida que a pessoa cresce e toma conhecimento da própria fé, assume uma identidade que a caracteriza como seguidora do próprio Cristo. Deus chama por intermédio de pessoas, acontecimentos, situações de sofrimento, da oração, de diferentes modos. Não se trata de uma nova vocação, mas da vivência da vocação batismal de maneiras diferentes.

Todo cristão leigo, casado ou solteiro, vive e corresponde à sua vocação sendo sinal de Cristo e de seu evangelho no meio do mundo. A vocação ao matrimônio é a vocação do amor que se realiza na relação entre o homem e a mulher. No amor de Deus, o casal é chamado a edificar o amor conjugal para formar uma família. A vida religiosa consagrada é vocação para homens e mulheres que se sentem chamados por Deus para viver a radicalidade de seu batismo, dedicando toda a sua vida, todo o seu tempo e todas as suas capacidades para o serviço aos irmãos, diante das mais variadas necessidades do ser humano. A vocação à vida sacerdotal é voltada aos homens que sentem o chamado a ser continuadores da missão de Cristo, recebendo o sacramento da ordem, a fim de se colocar totalmente a serviço do povo de Deus.

O Catecismo da Igreja Católica afirma: "A vocação da humanidade consiste em manifestar a imagem de Deus e ser transformada à imagem do Filho único do Pai. Essa vocação implica uma dimensão pessoal, pois cada um é chamado a entrar na bem-aventurança divina; mas concerne também ao conjunto da comunidade humana" (n. 1877). A vocação abrange, portanto, uma dimensão individual e comunitária. A vocação de cada pessoa deve, pois, estar em harmonia com a vocação comunitária de toda a humanidade, que consiste em empenhar-se na construção de uma sociedade mais justa e fraterna, colaborando, dessa forma, na realização plena do projeto divino em relação a todos os seres humanos. À medida que nós dizemos "sim" à vontade divina, a força do Espírito entra e nos dá a força necessária, porque Deus tem, para nós, um plano. Afirma o padre João Carlos em sua meditação do dia 15 de maio de 2020: "Ele nos amou e nos escolheu, por primeiro. O amor dele foi antes do nosso. Como disse o apóstolo: 'Quando ainda éramos pecadores, ele nos amou e se entregou por nós' (Rm 5,8). O amor de Deus nos precede. Ele deu o primeiro passo, quando ainda estávamos no pecado".

Oração pelas vocações (CNBB)

Senhor da messe e pastor do rebanho, faze ressoar em nossos ouvidos teu forte e suave convite: "Vem e segue-me"!
Derrama sobre nós o teu Espírito, que ele nos dê sabedoria para ver o caminho e generosidade para seguir tua voz. Senhor, que a messe não se perca por falta de operários.
Desperta nossas comunidades para a missão. Ensina nossa vida a ser serviço. Fortalece os que querem dedicar-se ao Reino na vida consagrada e religiosa.
Senhor, que o rebanho não se perca por falta de pastores. Sustenta a fidelidade de nossos bispos, padres, diáconos e ministros. Dá perseverança a nossos seminaristas. Desperta o coração de nossos jovens para o ministério pastoral em tua Igreja.
Senhor da messe e pastor do rebanho, chama-nos para o serviço de teu povo. Maria, Mãe da Igreja, modelo dos servidores do evangelho, ajuda-nos a responder SIM. Amém.

27
Lançai a rede

"Chegada a manhã, Jesus estava na praia. Todavia, os discípulos não o reconheceram. Perguntou-lhes Jesus: 'Amigos, não tendes acaso alguma coisa para comer?' 'Não', responderam-lhe. Jesus lhes disse: 'Lançai a rede ao lado direito da barca e achareis'. Lançaram-na, e já não podiam arrastá-la por causa da grande quantidade de peixes. Então, aquele discípulo que Jesus amava, disse a Pedro: 'É o Senhor!'" (Jo 21,4-7).

O apóstolo João conta essa terceira aparição de Jesus após a ressurreição. Jesus sempre vai ao encontro dos seus discípulos, como ainda hoje sai ao nosso encontro. Nunca estamos sozinhos, quando passamos por necessidade. Os discípulos tinham passado toda a noite na pescaria – e eram excelentes pescadores –, no entanto, nada tinham apanhado.

Quantas vezes, nas muitas atividades que realizamos, temos a impressão de que trabalhamos inutilmente. As coisas não andam, não dão certo. Não conseguimos resolver nossos problemas. Nada progride em nossa vida. Estamos perdendo tempo. Vários podem ser os motivos pelos quais não nos saímos bem: falta de experiência, de interesse, pouca ousadia, certo comprometimento, falta de perseverança, e outros mais. Será que, no fundo, não estão faltando oração, confiança em Deus, fé em Jesus Cristo?

Ele não irá substituir nosso empenho – somos nós que devemos lançar a rede, mas sob o olhar e a ordem de Jesus. Se cremos que Jesus pode fazer a diferença em nossa vida, ele fará. A pesca será milagrosa. Só ele é capaz de transformar o coração das pessoas. Crer em Jesus é um dom. Se lançamos a rede acreditando em sua palavra, encontraremos o sentido para nossa vida, que havíamos perdido.

Os discípulos representam toda a comunidade eclesial que é convidada pelo Senhor para a missão: "Ide, ensinai todas as nações; batizai-as em nome do Pai, do Filho e do Espírito Santo" (Mt 28,19). Isso significa "ir para águas mais profundas" (Lc 5,1-11), a fim de evangelizar todos os povos e levar a salvação a todas as nações. Comenta o Pe. João Carlos em sua meditação do dia 17 de abril de 2020: "Trata-se, então, não apenas de uma simples pescaria de peixes, mas da atividade missionária da Igreja, o trabalho de pescar gente que os discípulos deviam realizar após sua convivência com Jesus. Trabalho que se mostraria infrutífero, sem a presença e a direção de Jesus ressuscitado. Naquela experiência no lago, sem a orientação de Jesus, não conseguimos pescar nada".

Do lado direito da barca encontravam-se os peixes. Do lado direito de Cristo, transpassado pela lança do soldado, brotou nossa redenção: "Mas quando chegaram a Jesus, vendo que já estava morto, não lhe quebraram as pernas. Mas um dos soldados perfurou um dos lados com uma lança, e logo saiu sangue e água" (Jo 19,33-34). Os Padres da Igreja comentam que o sangue e a água são os sacramentos da Igreja, fonte de nossa salvação. O lado direito significa o poder de Deus (Mc 16,19; Cl 3,1; 1Pd 3,22). Com a destra realiza-se a justiça (Is 41,10), a recompensa eterna (Mt 25,34). O lado esquerdo representa maldição, condenação (Mt 25,41).

A ação missionária da Igreja no mundo não pode contar, apenas, com o esforço humano, com o recurso da técnica, ainda que necessários. A obra da evangelização é fundamentalmente ação de Cristo ressuscitado por seu Espírito. Nós somos colaboradores nesta obra divina (1Cor 3,9). Cristo é Cabeça do Corpo evangelizador. Ele é o Reino de Deus que deve se espalhar por todo o mundo, abranger todas as nações. O lugar de descanso de Deus é o céu; lá também está no repouso definitivo (Hb 4,1). Aqui, vemos Deus como que por um espelho; no repouso eterno o veremos face a face (1Cor 13,12).

Oração para o mês missionário

Pai nosso,
o teu Filho unigênito Jesus Cristo,
ressuscitado de entre os mortos,
confiou aos seus discípulos:
Ide e fazei discípulos todos os povos.
Recorda-nos que por meio do batismo
nos tornamos participantes da missão da Igreja.
Pelos dons do Espírito Santo, concede-nos a graça
de ser testemunhas do evangelho,
corajosos e vigilantes,
para que a missão confiada à Igreja,
ainda longe de estar realizada,
possa encontrar novas e eficazes expressões
que levem vida e luz ao mundo.
Ajuda-nos, Pai Santo,
a fazer que todos os povos
possam encontrar-se com o amor
e a misericórdia de Jesus Cristo. Amém.

28
Levanta-te!

"Que é mais fácil dizer: 'Os teus pecados te são perdoados' ou: 'Levanta-te e anda'? Pois bem, para que saibais que o Filho do Homem tem na terra o poder de perdoar os pecados, disse então ao paralítico: 'Levanta-te, toma tua maca e volta para tua casa'. Levantou-se aquele homem e foi para sua casa" (Mt 9,5-7).

O evangelho de Mateus descreve a cura de um paralítico que foi também perdoado de seus pecados, sob os protestos dos mestres da Lei. Como naquele tempo, também hoje muitas pessoas recebem, pelas mãos dos ministros da Igreja, o perdão dos pecados, em nome de Jesus, que lhes deu este poder: "Àqueles a quem perdoardes os pecados, lhes serão perdoados; àqueles a quem os retiverdes, lhes serão retidos" (Jo 20,23).

Há vários tipos de paralisia que afligem a humanidade. Pensemos nas paralisias espirituais responsáveis por tantas desgraças em nossa sociedade. Desvios de caráter, traições, ânsia de poder, corrupção, desrespeito à pessoa humana, escravidão, assassinatos, abortos, a dor dos refugiados, os conflitos, a miséria e a fome. Precisamos pedir ao Senhor que nos cure dessas paralisias, mesmo porque todos nós padecemos dessa enfermidade de alguma forma.

São tantas as desgraças que os telejornais projetam em nossos lares, em nossa vida, que já não nos espantam nem nos comovem. Manifestamos dó, mas carecemos de compaixão. Tornamo-nos insensíveis às aflições e às angústias das pessoas, porque não mais nos afetam. Perdemos a capacidade de nos comover diante da dor alheia. Cada um deseja livrar-se de seus sofrimentos, mas o sofrimento do outro não nos atinge.

Insensíveis, continuamos levando nossa vida como se o problema não fosse também nosso. Certamente não conseguiremos minimizar o sofrimento de tantas pessoas, mas comecemos por aquelas que estão mais perto de nós. A sociedade, como um todo, é responsável pela solução dessas desgraças; nem sequer tomamos consciência de que somos parte da sociedade, e que cabe a cada um de nós fazer a nossa parte.

Temos necessidade do perdão e da cura espiritual. Somente a mão do Senhor e sua graça podem curar-nos de tantas omissões. Jesus é capaz de reacender em nosso coração a sensibilidade humana e espiritual, abrindo nossos olhos e nossa mente para ver e acolher o grito de dor da humanidade desesperada e sem amor. *"Senhor, se queres, podes curar-me"* (Mt 8,2), disse o leproso a Jesus. A paralisia é uma lepra que corrói nossa consciência. Tenhamos certeza de que Jesus também nos dirá: *"Eu quero, fica curado"* (Mt 8,3).

René Voillaume, que foi superior dos Irmãozinhos do Padre de Foucauld, exortava seus irmãos: "Necessário é que vos lembreis de que cada homem é a imagem de Deus, em absoluto. Não seria, pois, perda de tempo amar o menor dos homens como a um irmão, como se fosse o único no mundo: seja qual for sua miséria moral, ousaria dizer que é tão digno de amor como o próprio Deus. Jesus deseja que sejais devotados ao amor de vossos irmãos" (R. Voillaume, Irmãos de todos, Petrópolis, Vozes, 1973, p. 12).

Para levantar o irmão caído no pecado, no sofrimento, na dor, é preciso ter força espiritual, estar intimamente ligado a Cristo, como os ramos na videira (Jo 15,1-11). Certamente o Pai nos podará para que produzamos mais frutos, mas a seiva vem de Cristo por seu

Espírito. Não há amor verdadeiro que nasça fora dessa videira. Somente ligado e alimentado por esse tronco, Cristo ressuscitado, terei forças para dar a mão aos meus irmãos e levantá-los de sua miséria.

Encontro final
Mt 25,24-40

"Então dirá o Rei aos que estiverem à sua direita: 'Vinde, benditos de meu Pai! Possuí o Reino que vos está preparado desde a fundação do mundo! Porque tive fome, e destes-me de comer; tive sede, e destes-me de beber; era estrangeiro, e hospedastes-me; estava nu, e me vestistes; estive na prisão, e fostes ver-me.

Então os justos lhe perguntarão: 'Senhor, quando te vimos com fome, e te demos de comer? ou com sede, e te demos de beber? E quando te vimos estrangeiro, e te hospedamos? ou nu, e te vestimos? E quando te vimos enfermo, ou na prisão, e fomos ver-te?'

Respondendo o Rei, lhes dirá: 'Em verdade vos digo que tudo quanto fizestes a um destes meus pequeninos irmãos, a mim o fizestes'."

29
Maria e Isabel

"Naqueles dias, Maria partiu apressadamente para a região montanhosa, dirigindo-se a uma cidade de Judá. Ela entrou na casa de Zacarias e saudou Isabel. Quando Isabel ouviu a saudação de Maria, a criança pulou de alegria em seu ventre" (Lc 1,39-41).

Quando o anjo Gabriel, enviado por Deus, anunciou a Maria sua missão de Mãe do Salvador, o Espírito Santo de Deus a envolveu no amor divino, e ela disse: "Eis a serva do Senhor, faça-se em mim segundo tua palavra" (Lc 1,38). Começa a missão primordial de Maria: ser a Mãe do Servo sofredor e Salvador da humanidade. Aquele que desceu de junto do Pai para fazer a sua vontade (Jo 6,38) torna sua Mãe a primeira discípula e missionária.

O Documento de Aparecida afirma: "A máxima realização da existência cristã como um viver trinitário de *filhos no Filho* nos é dada na Virgem Maria que, através de sua fé e obediência à vontade de Deus, assim como por sua constante meditação da palavra e das ações de Jesus, é a discípula mais perfeita do Senhor" (DAp 266). Além de discípula modelo do Senhor Jesus, é também a primeira missionária: "Maria é a grande missionária, continuadora da missão de seu Filho e formadora de missionários" (DAp 269).

Maria, cheia da graça do Senhor, sai para a primeira missão: visitar sua prima Isabel, que estava grávida. Como Abraão e tantos outros chamados por Deus para uma missão, ela sai para servir Isabel (Lc 1,39ss). O Papa Francisco lembra que precisamos de uma Igreja em saída: "A Igreja em saída é uma Igreja com portas abertas. Sair em direção aos outros para chegar às periferias humanas não significa correr pelo mundo sem direção nem sentido" (EG 46). De fato, Maria, Virgem e Mãe, é tipo da Igreja, igualmente virgem e mãe (cf. LG 63). Maria é Mãe do Cristo, Cabeça do Corpo Místico; a Igreja, mãe do Corpo. A maternidade de Maria e a maternidade da Igreja estão unidas no único e grande mistério da salvação.

"Muitas vezes é melhor diminuir o ritmo, pôr de parte a ansiedade para olhar nos olhos e escutar, ou renunciar às urgências para acompanhar quem ficou caído à beira do caminho. Às vezes, é como o pai do filho pródigo, que continua com as portas abertas para, quando este voltar, poder entrar sem dificuldade" (EG 46). O Papa Francisco ensina que a misericórdia leva, antes de tudo, aos pobres; eles, que são considerados os últimos na sociedade de consumo, tornam-se os primeiros alvos da Igreja em saída.

Maria saiu às pressas e subiu as montanhas para servir Isabel. Não foi saída aleatória. O objetivo estava claro: visitar Isabel para servi-la, já que estava grávida de seis meses. Vai às pressas, porque o amor tem pressa. Isabel compreendeu a grandeza do gesto de Maria e a saudou como "bendita e a Mãe do meu Senhor" (Lc 1,42-43). Como Jesus, Maria vem como quem serve (Lc 22,27). Servir é a primeira atitude de quem ama. O *Magnificat* não é exaltação pessoal, mas um imenso reconhecimento do amor de Deus, que "olhou para a humildade de sua serva" (Lc 1,48).

"Doravante todas as gerações me chamarão bem-aventurada, porque o Poderoso fez em mim grandes coisas" (Lc 1,48-49). Também em nossa vida o Senhor faz grandes coisas, quando saímos como discípulos e missionários para proclamar pelas nossas palavras e por nossa vida as maravilhas de Deus. Diz Santo Agostinho: "O louvor de quem canta *é o próprio cantor. Quereis cantar louvores a Deus? Sede vós mesmos o canto que ides cantar. Vós sereis o seu maior louvor, se viverdes santamente" (Homilia 34, 1-3.5-6, Liturgia das Horas, Vol. II, p. 643).*

Maria em visita à sua prima Isabel é exemplo da Igreja discípula-missionária, da Igreja em saída. Há muitas formas de sair e de visitar, mas todas elas começam e terminam no amor.

Oração da festa da visitação

Ó Deus todo-poderoso,
que inspirastes à Virgem Maria
sua visita a Isabel,
levando no seio o vosso Filho,
fazei-nos dóceis ao Espírito Santo,
para cantar com ela o vosso louvor.
Por nosso Senhor, Jesus Cristo, vosso Filho,
na unidade do Espírito Santo.
Amém.

30
Meu fardo é leve

"Vinde a mim, vós todos que estais aflitos sob o fardo, e eu vos aliviarei. Tomai meu jugo sobre vós e recebei minha doutrina, porque eu sou manso e humilde de coração. E achareis o repouso para vossas almas. Porque meu jugo é suave e meu peso é leve" (Mt 11,28-30).

O povo de Israel estava sobrecarregado com inúmeras opressões de todas as ordens. Fardos demasiadamente pesados, quase insuportáveis para carregar. Pesados impostos, dízimo exagerado, obrigações meramente legais, interpretadas da Lei de Moisés ao gosto dos mestres, dos escribas e dos fariseus. O povo vivia oprimido pelos romanos e pelas autoridades judaicas; não havia outra saída senão obedecer, suportar, sofrer. A *Torá* (os cinco livros atribuídos a Moisés) continha 613 mandamentos (613 mitzvot). A interpretação desses mandamentos dependia das diferentes correntes teológicas existentes em Israel.

O padre João Carlos descreve isso: "Jesus encontrou o povo de Deus oprimido por muitas situações de exploração, violência e dominação. Por isso o evangelho está cheio de doentes, leprosos, cegos, possessos, encurvados. Ele chamou a si esse povo humilhado, oferecendo-lhe a vida, a liberdade, a felicidade. Ele nos revelou o amor do Pai e o seu amor por nós. Ele carregou-se de nossas dores e nos abriu o caminho da vitória sobre toda opressão por meio de sua palavra, de suas atitudes, de sua morte na cruz, de sua ressurreição" (Meditação do Pe. João Carlos na solenidade do Sagrado Coração de Jesus, no dia 19 de junho de 2020).

Jesus interpreta a Lei a partir do amor, do perdão, da misericórdia. A Lei aplicada a partir do Antigo Testamento é princípio de condenação, gera escravidão, não liberta. Jesus não veio abolir o Antigo Testamento, mas levá-lo à perfeição (Mt 5,17). Lucas conta que a um homem que pergunta: "'Mestre, que devo fazer para herdar a vida eterna?', Jesus responde: 'Que está escrito na Lei? Como lês?' Ele respondeu: '*Amarás o Senhor, teu Deus, de todo o teu coração e com toda a tua alma, com toda a tua força e com todo o teu entendimento; e teu próximo como a ti mesmo!*' Jesus lhe disse: 'Respondeste corretamente. Faze isso e viverás'" (Lc 10,25-28). A outro judeu Jesus responde que nada será tirado da lei (Lc 16,17). Aos discípulos de Emaús, ele recorda os profetas e toda a Escritura (Lc 24, 25-27). João lembra que a Lei foi dada por Moisés, mas a graça veio por Jesus Cristo (Jo 1,17).

No sermão da montanha, Jesus especifica em que consiste a plenitude da lei. Ele vem cumprir a Lei até o fim (Mt 5,17-20). Se quisermos servir a Deus, afirma Paulo, precisamos acolher a novidade do Espírito Santo (Rm 7,6). Na lei de Moisés se diz: não matarás. Jesus acrescenta que não devemos nos irar nem insultar nosso irmão (Mt 5,21-22). Na antiga lei se diz: não cometerás adultério. Jesus acrescenta: "Qualquer um que olhar para uma mulher com intenção impura, no coração já adulterou com ela" (Mt 5,27-28). A Lei mosaica proíbe abandonar a mulher por qualquer motivo. Jesus acrescenta: "Eu, porém, vos digo: Quem repudiar sua mulher, exceto em caso de relações sexuais ilícitas, a expõe a tornar-se adúltera; e aquele que casar com a repudiada comete adultério" (cf. Mt 5,31-32). Moisés prescreve: não jurarás falso. Jesus acrescenta: "De modo algum jureis" (Mt 5,33-37). Não resistam ao perverso (Mt 5,38-42). Não odeiem nem mesmo o inimigo (Mt 5, 43-48). Por tudo isso, o fardo de Jesus não é pesado, e seu peso é leve.

O apóstolo Paulo lembra à comunidade dos Gálatas: "Sabendo que o homem não é justificado pelas obras da Lei, mas pela fé em Jesus Cristo, temos também crido em Jesus Cristo, para sermos justificados pela fé de Cristo, e não pelas obras da Lei; porquanto pelas obras da Lei nenhuma carne será justificada" (Gl 2,16).

Jesus toma sobre si o nosso fardo, por isso o peso que carregamos torna-se leve. O amor de Cristo é maior que nossa fraqueza. Somente aquele que é manso e humilde de coração é que possui um jugo suave e um fardo leve a oferecer. O mandamento de Cristo não oprime, mas liberta. O jugo é suave e o fardo é leve porque a salvação trazida por Cristo é pela graça somente, mediante a fé. Tenhamos confiança em Jesus. Somente ele é capaz de compreender nossos sofrimentos e acolher nossas fraquezas. Ele entende tudo de humanidade porque assumiu nossa natureza para nos libertar de todos os males.

2ª carta aos Coríntios 1,3-5

Bendito seja
o Deus e Pai de nosso Senhor Jesus Cristo,
o Pai das misericórdias
e Deus de toda consolação.
Ele nos consola em toda a nossa tribulação,
para que também possamos consolar
os que estiverem em alguma tribulação,
com a consolação
com que nós mesmos somos consolados por Deus.
Porque, como as aflições de Cristo
são abundantes em nós,
assim também é abundante a nossa consolação
por meio de Cristo.

31
O Anjo da Guarda

"Não desprezeis nenhum desses pequeninos, porque eu vos digo que os seus anjos nos céus veem continuamente a face de meu Pai que está nos céus" (Mt 18,10).

A abordagem sobre o anjo da guarda tem sido influenciada, principalmente a partir da Idade Média, de um lado pelo misticismo religioso, de outro, pelo esoterismo e pelo movimento cabalístico. Até hoje existem *sites* que oferecem todos os detalhes sobre os anjos, inclusive o nome do anjo da guarda de cada pessoa. Evidente que a religião cristã não aceita essas divagações extravagantes.

Quando Mateus fala em *pequeninos* não significa apenas crianças, mas também pessoas desconhecidas, pouco importantes, as mais simples da comunidade. Jesus diz, então, que cada uma dessas pessoas pequenas e desprezadas tem um anjo que contempla a face de Deus. Isso levou a Igreja à doutrina de um *anjo da guarda pessoal*.

O Catecismo da Igreja Católica fala sobre os anjos (CIgC 334-336). Sobre o anjo da guarda afirma: "Desde o início até a morte, a vida humana é cercada por sua proteção e por sua intercessão. Cada fiel é ladeado por um anjo como protetor e pastor para conduzi-lo à vida. Ainda aqui na terra, a vida cristã participa na fé da sociedade bem-aventurada dos anjos e dos homens, unidos em Deus" (CIgC 336).

Nos livros do Antigo Testamento, Deus encontra-se rodeado das milícias celestiais. Os anjos são enviados por ele como mensageiros e protetores dos homens. As Escrituras citam nomes como Miguel, Rafael, Gabriel. No livro de Tobias, o anjo Rafael acompanha o jovem na viagem e, na volta, cura Tobit de sua cegueira (Tb 5,10.11,13-15).

No livro dos Salmos, por várias vezes aparece a ação dos anjos. "Porque aos seus anjos ele mandou que te guardem em todos os teus caminhos. Eles te sustentarão em suas mãos, para que não tropeces em alguma pedra" (Sl 90[91],11-12). Os anjos obedecem às ordens de Deus (Sl 102[103],20). São espíritos enviados para a nossa salvação (Hb 1,14). Estarão ao lado de Deus para o julgamento final (Mt 16,27). O anjo Miguel luta contra o demônio e o derrota (Ap 12,7-9).

Também os Padres da Igreja citam a relação dos anjos com a humanidade. São Basílio Magno (†369), doutor da Igreja, disse: "Cada fiel é ladeado por um anjo como protetor e pastor para conduzi-lo à vida" (Ad. *Eunomium* 3,1). O Papa Gregório Magno afirmou que toda a Revelação fala dos anjos. Outros Padres da Igreja também confirmaram essa doutrina, como Tertuliano, Santo Agostinho, Santo Ambrósio, São João Crisóstomo, São Jerônimo e São Gregório de Nissa. A verdade de fé sobre os anjos foi confirmada pelo Concílio de Trento (1545-1563).

A celebração litúrgica da festa dos santos anjos foi universalizada pelo Papa Paulo V no século XVI. A Tradição da Igreja acredita que nosso anjo da guarda tem a tarefa de oferecer ao Senhor as nossas orações, apoiar-nos e proteger-nos dos ataques do diabo, que tenta nos fazer pecar e perder a vida eterna. Todos nós nos lembramos, quando crianças, de nossa mãe ensinando a oração: *Santo anjo do Senhor, meu zeloso guardador, se a ti me confiou a piedade divina, sempre me rege, guarda, governa, ilumina. Amém.* Oração simples, mas rezada com absoluta confiança e piedade.

Outra visão que ficou profundamente marcada em nossa lembrança foram as imagens que representavam o anjo da guarda protegendo uma criança que atravessava uma ponte perigosa. Com suas asas protegia as pessoas, para que não se desviassem do bom caminho.

"Os anjos são imagens de um desejo profundo e constante de uma ajuda, de uma salvação, que não podem vir de nós mesmos. Eles são uma expressão de esperança. A nossa vida não termina no vazio, podemos sair e, enfim, chegar à verdadeira meta. Os anjos são companheiros de viagem" (Anselm Grün, 50 angeli per accompagnarti durante l'anno, Brescia, Queriniana, 2000, p. 7).

É por isso que muitos Papas, como São João XXIII, revelaram a sua profunda devoção pelo anjo da guarda, sugerindo, como também disse Bento XVI, que expressemos nossa gratidão pelo serviço que ele presta a cada um de nós. Santo Padre Pio afirmava que via o anjo da guarda ao seu lado, e solicitava seu auxílio, quando não conseguia resolver as dificuldades.

Anselm Grün cita palavras de Helmut Hark, pároco e psicoterapeuta evangélico, sobre o anjo da guarda: "Ele protege no caminho, dá coragem e apoio moral, afasta o mal, atua beneficamente nas desgraças. Através dele as coisas se ajeitam. Manifesta-se nas ações-limite. Por ele recebo impulsos para as boas ações. É o irmão gêmeo de minha alma. É meu protetor e padroeiro pessoal. Às vezes, eu sou advertido por ele. Para mim, é uma inteligência superior. Fala-me através de uma voz interior. É modelo espiritual de minha alma" (Anselm Grün, *Cada pessoa tem um anjo*, Petrópolis, Vozes, 2000, p. 23).

O Anjo da Guarda, portanto, está ligado a qualquer um que viva na graça de Deus. Nosso anjo da guarda não é criado conosco no momento de nosso nascimento. Sempre existiu, desde que Deus criou todos os anjos. A presença dos anjos faz parte do grande mistério de Deus. Onde a ciência não alcança, a fé ilumina nossa vida cristã.

Oração ao Anjo da Guarda

Santo Anjo da Guarda, meu poderoso protetor,
guardai-me sempre na paz de vosso amor.
Dos perigos, livrai-me,
do mal, libertai-me,
e nos momentos de angústia, consolai-me!
Durante o sono, velai sobre meu descanso,
não deixeis o mal de mim se aproximar.
Sob as asas do vosso amor,
possa nos meus sonhos habitar!
Nesta noite de luz, afugentai as trevas do medo,
afastai também as tentações,
para que minha alma tranquila
descanse sem aflições.
E que no alvorecer de um novo dia
eu acorde feliz e restaurado,
e seja para o mundo
testemunha de ser sempre por vós amado!

32
Para mim viver é Cristo

"Porque para mim o viver é Cristo, e o morrer é ganho. Mas, se o viver na carne me der fruto da minha obra, não sei então o que deva escolher. Mas de ambos os lados estou em aperto, tendo desejo de partir, e estar com Cristo, porque isto é ainda muito melhor. Mas julgo mais necessário, por amor de vós, ficar na carne"
(Fl 1,21-24).

Há dois modos de viver e de morrer: viver para nós ou para Cristo, morrer para nós ou para Cristo. Se vivemos apenas para nós, nossa vida torna-se um processo egoísta. Fazemos dela o que desejamos, sem nos preocupar com a qualidade de vida que nos propomos. O que importa é vivê-la com absoluta liberdade, segundo nossos desejos, segundo nossas preferências e convicções. Vale tudo para ser feliz. O prazer é a medida da moralidade. Viver é dar aos sentimentos o comando de minha vida.

Este, segundo o evangelho, é o caminho para a morte definitiva. Não é nem viver e nem morrer para Cristo. Nem a vida, nem a morte são para Deus. Esse tipo de vida conduz à frustração definitiva, que a Escritura chama de *morte eterna* (Mt 25,30), *Viver para si mesmo* significa não estar atento aos mandamentos de Deus, não se importar com o próximo, excluir as pessoas de seu convívio, entregar-se ao egoísmo. O egocentrismo não encontra nenhum apoio na Sagrada Escritura. Fora de Cristo, os relacionamentos são marcados pelo pecado. Mas quando cultivamos no coração o amor de Cristo, a vida tem sentido e é realmente feliz.

O profeta Jeremias pede ao Senhor, nosso Deus, que indique o caminho que devemos seguir e esclareça o que devemos fazer (Jr 42,3). Como posso viver minha vida com Deus? A Sagrada Escritura aponta o caminho: o mandamento de amar uns aos outros (Jo 13,34-35); o chamamento para segui-lo, deixando em segundo lugar os nossos próprios desejos (Mt 16:24); a atenção para com os pobres e necessitados (Tg 1,27); o abandono de tudo aquilo que nos afasta de Deus (1Ts 5,6-8).

Certamente, será um caminho de cruz, de desapego, como foi o de Jesus. Não basta dizer: "Mestre, seguir-te-ei para onde quer que fores" (Mt 8,19). É preciso realmente segui-lo. São Paulo exorta: "Vós sois de Cristo e Cristo é de Deus" (1Cor 3,23). A partir de nosso batismo o Espírito de Jesus habita em nós; por isso, como Cristo, devemos *buscar as coisas do alto* (Cl 3,1), deixando para trás as possíveis vantagens (Fl 3,7).

O Senhor escolheu-nos e enviou-nos para ser seus imitadores, a fim de anunciar o que ele falou e fez, por meio da pregação do evangelho e do testemunho de vida, para que possamos ser "*o perfume de Cristo*" (2Cor 2,15). São Paulo conclamava: "Tornai-vos os meus imitadores, como eu o sou de Cristo" (1Cor 11,1). Viver em Cristo é estar com o Pai. Então teremos certeza de que viveremos para sempre no coração de nosso Deus (Sl 22[23],6). "Se alguém me quer seguir, renuncie-se a si mesmo, tome a sua cruz e siga-me", disse Jesus. *Renunciar a si mesmo* não significa anular-se, mas entregar-se inteiramente ao Senhor. Os sofrimentos também fazem crescer as consolações (2Cor 1,5). Após o nosso *tudo está consumado: em tuas mãos entrego o meu espírito,* o Senhor nos acolherá de braços abertos e nos cobrirá de toda bênção espiritual em Cristo (Ef 1,3).

De fato, Jesus nos prometeu, quando orou: “Pai, quero que, onde eu estou, estejam comigo aqueles que me deste, para que vejam a minha glória que me concedeste, porque me amaste antes da criação do mundo. Pai justo, o mundo não te conheceu, mas eu te conheci, e estes sabem que tu me enviaste. Manifestei-lhes o teu nome, e ainda hei de manifestar, para que o amor com que me amaste esteja neles, e eu neles” (Jo 17,24-26). Então seremos como os servos bons e fiéis, que o Senhor fez entrar em seu Reino. Não mais servos do pecado, mas da justiça (Rm 6,18).

Ore ao Senhor para que ele seja a luz em seu caminho. Ame a todos como irmãos, particularmente os excluídos da sociedade e, até mesmo, os inimigos. Mantenha-se no caminho do bem e da misericórdia. Medite a palavra de Deus e viva frutuosamente os sacramentos. Partilhe com os outros os dons que Deus lhe concedeu. Seja um sinal de esperança para o mundo perdido diante de tantas oportunidades de realização pessoal. Coopere com todos os que se preocupam com uma sociedade mais fraterna e justa. Que você possa dizer como São Paulo: “A vida que agora vivo no corpo, vivo-a pela fé no Filho de Deus, que me amou e se entregou por mim (Gl 2,20).

Oração ao Espírito Santo São Paulo VI

Ó Espírito Santo, dai-me um coração grande,
aberto à vossa silenciosa
e forte palavra inspiradora,
fechado a todas as ambições mesquinhas,
alheio a qualquer desprezível
competição humana,
compenetrado do sentido da santa Igreja!

Um coração grande, desejoso
de se tornar semelhante
ao coração do Senhor Jesus!
Um coração grande e forte
para amar a todos,
para servir a todos,
para sofrer por todos!
Um coração grande e forte
para superar todas as provações,
todo tédio, todo cansaço,
toda desilusão, toda ofensa!
Um coração grande e forte,
constante até o sacrifício,
quando for necessário!
Um coração cuja felicidade
é palpitar com o coração de Cristo
e cumprir humilde, fiel e virilmente,
a vontade do Pai. Amém.

33
O perigo das riquezas

"Naquele tempo, Jesus disse aos discípulos: 'Em verdade vos digo, dificilmente um rico entrará no Reino dos Céus. E digo ainda: é mais fácil um camelo entrar pelo buraco de uma agulha, do que um rico entrar no Reino dos Céus'. Ouvindo isso, os discípulos ficaram muito admirados e perguntaram: 'Então, quem poderá ser salvo?' Jesus olhou para eles e disse: 'Para os homens isso é impossível, mas para Deus tudo é possível'"
(Mt 19,23-26).

Esse texto do evangelho de Mateus, que narra o encontro de Jesus com o jovem rico, é também lembrado por Marcos 10,17-30 e Lucas 18,18-30. O jovem que busca a perfeição não consegue acolher e seguir a radicalidade do convite de Jesus: "Se queres ser perfeito, vai, vende teus bens, dá-os aos pobres e terás um tesouro nos céus. Depois, vem e segue-me" (Mt 19,21).

Os bens falaram mais alto que o convite de Jesus. E o jovem saiu triste. Por que saiu triste? Ele queria ir mais longe em sua vida de fé, por isso buscou Jesus. Ninguém busca Jesus por acaso, sem finalidade, sem intenção. Há no coração do jovem boa vontade: "Mestre, o que devo fazer de bom para ter a vida eterna?" (Mt 19,16). Já vive os mandamentos: "Tenho observado tudo isso desde a minha infância" (Mt 18,20). Ele era uma pessoa de bem. O apego às riquezas não permitiu que o jovem desse o último passo.

Quantas pessoas não dão passos para Deus porque se apegam às suas riquezas e por elas se deixam escravizar. Para esses, a porta fica estreita demais, e não conseguem passar porque levam coisas demais.

Afirma São João Crisóstomo: "O Senhor não disse essas palavras para condenar as riquezas, mas para aqueles que são escravos delas e para advertir seus discípulos, a fim de que, ao verem-se pobres, não se envergonhassem da pobreza" (Homilias *Mathaeum*, hom. 63,2). "Não é um crime possuir riquezas, afirma Hilário de Poitiers, mas é preciso que ao possuí-las haja moderação. Por que como será possível àquele a quem não resta nada, atender às necessidades dos santos"?

Depois de o Senhor ter dito quão difícil é para um rico entrar no Reino dos Céus, manifestou uma coisa que é impossível: "Digo-vos mais: é mais fácil um camelo passar pelo fundo de uma agulha do que um rico entrar no Reino dos Céus" (Mt 19,24). Entre tantos comentários que se fazem sobre o *fundo de uma agulha,* veja-se este: havia em Jerusalém certa porta chamada *fundo de agulha,* pela qual os camelos não podiam passar, a não ser que fossem descarregados e postos de joelhos. E nessa passagem, aludindo a essa porta, dá-se a entender a impossibilidade na qual se encontram os ricos de passar pelo caminho estreito que conduz à vida, a não ser que antes se despojem – ao menos não as amando – das imundícies dos pecados e das riquezas.

Na verdade, não se trata de ter mais ou menos posses, mas do desapego dos bens. Quando as riquezas impedem de ir a Deus ou de compartilhar com os necessitados, elas nos afastam do caminho da salvação, porque não colocamos Deus em primeiro lugar. As riquezas nos prendem às realidades terrenas.

Salmo 70(71)

Em ti, Senhor, confio, nunca seja eu confundido.
Livra-me em tua justiça e faz-me escapar,
inclina os teus ouvidos para mim, e salva-me.
Tu és a minha habitação forte,
à qual posso recorrer continuamente.
Deste um mandamento que me salva,
pois tu és a minha rocha e a minha fortaleza.
Livra-me, meu Deus, das mãos do ímpio,
das mãos do homem injusto e cruel.
Pois tu és a minha esperança, Senhor Deus,
tu és a minha confiança desde a minha mocidade.

34
Não tenhais medo

"Não tenhais medo dos homens, pois nada há de encoberto, que não seja conhecido. Não tenhais medo daqueles que matam o corpo, mas não podem matar a alma. Pelo contrário, temei aquele que pode destruir a alma e o corpo no inferno" (Mt 10,26.28).

Os discípulos, ao atravessar o mar da Galileia, de noite e na tempestade, viram alguém andando sobre as águas e, achando que fosse um fantasma, gritaram de medo. Era Jesus. Ele se apresenta: "Coragem, não temais, sou eu" (Mt 14,27). A quem buscamos, quando os *fantasmas da vida* nos causam medo? Gritamos por quem: quem será o nosso apoio? Quem nos salvará? Se colocarmos nossa confiança em Jesus, se ele estiver em nosso barco, ainda que pareça dormir, estaremos salvos. Somente ele é o nosso Salvador.

"A realização pessoal é a meta psicológica humana, mas de forma nenhuma é a meta do evangelizador. A tentação de procurar a autopromoção é das maiores tentações do apóstolo, que precisa de muita coragem, lucidez e desapego para não se desviar das metas de sua missão. Este último tipo de coragem brota da mesma raiz da gratuidade, raiz difícil de pôr tronco e brotos no coração humano. E não em último lugar, a coragem de não atribuir à nossa capacidade e estratégia, à nossa pedagogia e pastoral o êxito de nossa missão. A eficiência de nossa missão não se mede com medida humana. Talvez, o apóstolo tenha de mostrar mais coragem diante dessas tentações, que matam a missão, do que o mártir diante da tortura e da espada dos perseguidores da fé" (Frei Clarêncio Neotti, *O mistério da palavra*, Ano A, Petrópolis, Vozes, 2001, p. 149).

Infelizmente, o medo é uma realidade humana, exatamente porque somos limitados e pecadores. A vida não está inteiramente em nossas mãos. Por isso, o medo nos afeta de vários modos. Temos medo de nosso passado, porque nem sempre temos boas lembranças dos fatos que nos aconteceram, e que marcaram fortemente nossa vida, aprisionando-nos no momento presente, e nos impedindo de sermos realmente livres. São como fantasmas que povoam nossa mente e que nos acompanham pela vida. Quantas pessoas não conseguem libertar-se de dramas do passado, que continuam causando medo e angústia. Dores não curadas, pecados não colocados na misericórdia de Deus, dificuldades não superadas, decepções não assimiladas.

Medo do futuro incerto, de não ser feliz, de não alcançar a realização dos projetos de vida desejados, medo até mesmo da morte. A fé nos dá segurança na ordem da espiritualidade, mas, do ponto de vista humano, as dúvidas permanecem. Medos relacionados a doenças, às instabilidades financeiras, ao desemprego, à educação dos filhos, ao futuro da humanidade. Como não ter medo? As inseguranças continuam a existir; Deus, no entanto, oferece condições para superá-las. A certeza da presença amorosa e providente de Deus faz com que nossa confiança seja mais forte que todos os nossos medos.

Quem não passa por provações, por momentos de fracasso, pela incapacidade de encontrar saída para os problemas? Também nos assusta a sociedade materialista e individualista que nos rodeia, com as guerras, as violências, as injustiças. Não existe nada mais doloroso que se sentir sozinho no momento da provação. É aqui que entra a graça divina: *não tenhais medo.* Deus é nossa segurança definitiva. Jesus, na cruz, quis participar de nossa solidão: "Meu Deus, meu Deus! Por que me abandonaste?" (Mt 27,46). No entanto, a última palavra de Jesus na cruz foi uma total entrega nas mãos do Pai: "Pai, em tuas mãos entrego o meu espírito" (Lc 23,46). Jesus realmente penetrou em toda a dor, assumiu sobre si todas as nossas provações, identificou-se com cada um de nós. "Coragem! Eu venci o mundo" (Jo 16,33).

Salmo 55(56)

Tem misericórdia de mim, ó Deus,
pois os homens me pressionam;
o tempo todo me atacam e me oprimem.

Os meus inimigos pressionam-me sem parar;
muitos atacam-me arrogantemente.

Mas eu, quando estiver com medo,
confiarei em ti.

Em Deus, cuja palavra eu louvo,
em Deus eu confio e não temerei.
Que poderá fazer-me o simples mortal?

Confio em Deus, cuja palavra louvo,
no Senhor, cuja palavra louvo,
em Deus eu confio e não temerei.
Que poderá fazer-me o homem?

Pois me livraste da morte
e aos meus pés de tropeçar,
para que eu ande diante de Deus
na luz que ilumina os vivos.

35
O poder da oração

"Quando orardes, não sejais como os hipócritas, que gostam de orar nas sinagogas e nas esquinas das praças, em posição de serem vistos pelos outros. Em verdade eu vos digo: já receberam a sua recompensa. Tu, porém, quando orares, entra em teu quarto, fecha a porta e ora ao teu Pai que está no escondido. E o teu Pai, que vê no escondido, te dará a recompensa" (Mt 6,6).

Orar é encontrar-se com Deus, não para dizer quem nós somos, mas para descobrir quem ele é. Todos somos chamados para uma vida de intimidade com Jesus. Em Jesus Deus se fez próximo de nós, e nós penetramos no mistério de Deus amor. A oração é, em primeiro lugar, um convite, um chamado, uma graça de Deus. Antes mesmo que desejemos esse encontro, ele já colocou em nosso coração o desejo de buscá-lo. Tudo é graça, dizia Santo Agostinho. Apesar de todos os nossos pecados, somos amados por Deus. Não se trata apenas de um sentimento amoroso, mas de uma entrega de total confiança naquele que sempre nos ama.

Para esse encontro com o Senhor precisamos, primeiramente, conhecermo-nos a nós mesmos, aceitar nossa pobreza espiritual e permitir que o próprio Cristo se aproxime de nós como bom samaritano para curar nossas feridas. "E esta é a confiança que temos nele: que, se pedirmos alguma coisa, segundo a sua vontade, ele nos ouve" (1Jo 5,14). Não há verdadeira oração sem a confiança de que o Senhor é capaz de nos amar até o fim. "Por isso, vos digo que tudo o que pedirdes, orando, crede que o recebereis" (Mc 11,24).

René Voillaume insiste na necessidade do conhecimento experimental com Deus: "Quando sabemos que, por muitas vezes, fomos perdoados, chegamos também a um conhecimento experimental sobre a misericórdia de Deus. Quem não teve tal experiência, também não pode ter o conhecimento correspondente. O conhecimento experimental desenvolve-se em uma intuição de fé que não conseguimos descrever, nem exprimir, nem mesmo imaginar dentro de nós. Na verdade, porém, é ele o fundamento de toda a nossa vida de oração" (René Voillaume, Relações interpessoais com Deus, São Paulo, Paulinas, 1973, pp. 61-62).

A comunhão íntima com Deus é dom do Espírito Santo; precisamos pedi-lo. "Perto está o Senhor de todos os que o invocam, de todos os que o invocam em verdade" (Sl 144[145],18). Por isso nossa oração deve ser constante; é preciso rezar sem cessar. "A oração, o diálogo com Deus é um bem incomparável, porque nos põe em comunhão íntima com Deus. Assim como os olhos do corpo são iluminados, quando recebem luz, a alma que se eleva para Deus é iluminada por sua luz inefável. Falo da oração que não é só uma atitude exterior, mas que provém do coração e não se limita a ocasiões ou horas determinadas, prolongando-se dia e noite, sem interrupção" (Homilia do Pseudo-Crisóstomo, século IV, em *Liturgia das Horas*, Vol. II, p. 58).

Na verdade, a expressão *orai sem cessar* simplesmente ensina que devemos manter a regularidade em nossa vida de oração (Lc 18,1-8). Todas as coisas devem cooperar para demonstrarmos nosso amor a Deus (Rm 8,28). Toda a Sagrada Escritura incentiva a estarmos permanentemente unidos a Deus. O próprio Jesus estava em contínuo contato com o Pai (Lc 6,12). Devemos, ainda, estar sempre orando, porque é por meio da oração que falamos com Deus. Pela oração vivemos com mais intensidade a força do Espírito.

A oração liberta-nos das tentações e da influência de todo tipo de males. "Ela perdoa os pecados, afasta as tentações, faz passar as perseguições, reconforta os de ânimo abatido, enche de alegria os generosos, conduz os peregrinos, acalma as tempestades, detém os ladrões, dá alimento aos pobres, ensina os ricos, levanta os que caíram, sustenta os que vacilam, confirma os que estão de pé" (*Tratado sobre a oração de Tertuliano*, século III, Liturgia das Horas, Vol. II, p. 222).

A oração faz tocar o coração de Jesus, o mesmo que foi aberto pela lança do soldado e do qual brotou nossa salvação. Quando fugimos de Deus, sentimos dolorosamente sua falta; quando voltamos, conhecemos melhor seu coração. "Procure tocá-lo. E você pode tocá-lo no amor. Amando, tudo se torna lógico, fácil e verdadeiro. Você pode tocá-lo diretamente na noite da contemplação, quando ele se revela à sua passividade amorosa" (Carlos Carretto, *Procurei e encontrei*, São Paulo, Paulinas, 1984, p. 92). A oração é um hábito do espírito fortalecido e elevado pela graça; é o hábito de ficar com Jesus.

O Pai-nosso

Guiados pelo Espírito de Jesus
e iluminados pela sabedoria do evangelho,
ousamos dizer:
Pai nosso que estais nos céus,
santificado seja o vosso nome;
venha a nós o vosso reino,
seja feita a vossa vontade,
assim na terra como no céu;
o pão nosso de cada dia nos dai hoje;
perdoai-nos as nossas ofensas,
assim como nós perdoamos
a quem nos tem ofendido;
e não nos deixeis cair em tentação,
mas livrai-nos do mal.

36
Maria, estrela da evangelização

"Confio este empenho de toda a Igreja à celeste intercessão de Maria, Mãe do Redentor. Ela, a Mãe do belo amor, será para os cristãos o caminho do Grande Jubileu do terceiro milênio, a Estrela que lhes guia os passos com segurança ao encontro do Senhor. A humilde jovem de Nazaré que, dois mil anos atrás, ofereceu ao mundo inteiro o Verbo encarnado, oriente a humanidade do novo milênio para aquele que é 'a luz verdadeira, que a todo o homem ilumina' (Jo 1,9)"
(Tertio millennio adveniente, 59).

Analisando os textos dos evangelhos é possível traçar um perfil da personalidade de Maria, Mãe de Jesus e modelo perfeito do seguimento de Jesus. Apresentamos como texto-base a narrativa das bodas de Caná (Jo 2,1-11).

Maria está efetivamente presente, como Mãe, nos momentos mais decisivos da vida de Jesus e da história da Igreja. Presença silenciosa, discreta, mas atuante, criativa, solidária e transformadora. Na encarnação, Deus pede o "sim" de Maria para dar início ao extraordinário mistério do amor divino, que nos oferece seu Filho e, por intermédio dele, todo bem e toda graça (Rm 8,32). Maria aceita sua missão e coloca-se inteiramente à disposição do Pai em uma atitude de profundo acolhimento (Lc 1,38). Começa o seu sacerdócio.

Ao visitar Isabel, sua presença torna-se essencialmente serviço (Lc 1,56). A "serva do Senhor" começa sua diaconia da caridade. Ao apresentar o menino Jesus no templo, transforma sua presença em oferta. Maria não guarda nada para si; nada retém, tudo oferece. É apenas a "serva do Senhor". Para si reserva a espada de dor que traspassará seu coração para que se revelem os sentimentos íntimos de muitos corações (Lc 2,35).

Na fuga para o Egito, ela é peregrina, migrante, confiando inteiramente na Providência (Mt 2,13-15). Sente, uma vez mais, o cumprimento da profecia de Simeão (Jo 2,35). Continua sua entrega à vontade do Pai ao perder e reencontrar o Filho no templo (Lc 2,46-51). Jesus não lhe pertence; é enviado para cuidar das coisas do Pai (Lc 2,49). Assim nos ensina a não tornar Deus propriedade nossa. O verdadeiro amor exclui qualquer apego. A presença de Maria é sempre sinal de gratuidade, uma presença samaritana.

Durante a vida pública de Jesus, mantém uma atitude de silêncio; em momento algum chama atenção sobre si. Mais do que João Batista, tem consciência de sua missão: é preciso que Cristo cresça, manifeste-se e anuncie a Boa-Nova do Pai (Jo 3,30). Maria se mistura à multidão no anonimato e continua realizando a vontade do Pai para ser digna seguidora de seu Filho (Mt 13,46-50).

Por ocasião da paixão de Jesus lá está sua Mãe, de pé (Jo 19,25-27), presença corredentora. Seu coração, agora inteiramente traspassado pela espada (Lc 2,35), acolhe o coração de seu Filho perfurado pela lança (Jo 19,34). Como o discípulo amado, ela viu e deu testemunho (Jo 19,35) para que, em qualquer parte do mundo, ninguém pudesse duvidar de que Deus nos ama até o fim, até não mais poder (Jo 13,1).

A presença vigilante de Maria continua na Igreja primitiva. Perseverando em oração com a comunidade nascente, prepara-

-a para receber o Espírito, em Pentecostes (At 1,14). Nenhuma criatura poderia preparar com tanta competência, ontem, como hoje, os discípulos de Jesus para acolher o Espírito Consolador, que conduz à verdade plena (Jo 16,13).

Maria continua presente nas vicissitudes da Igreja e nos seus momentos mais decisivos. Na mulher vestida com o sol, tendo a lua sob os pés e sobre a cabeça uma coroa de doze estrelas em luta contra o dragão (Ap 12,1-6), ela é figura da Igreja vitoriosa contra as potências do mal (Mt 16,18). Presença de esperança e de certeza na vitória do Cordeiro (Ap 7,10).

Nas bodas de Caná, Maria era uma entre muitas pessoas convidadas; não tinha obrigação de preocupar-se com os detalhes da festa. No entanto, como "serva do Senhor", está atenta, preocupada e percebe o embaraço dos noivos, saindo em busca de solução (Jo 2,3). Supera a aparente apatia de Jesus e toma a iniciativa.

Ela não se mantém indiferente às necessidades de seus filhos. Intercede por nós, indica-nos o caminho a seguir: "Fazei tudo o que ele vos disser" (Jo 2,5). Por Maria chegamos a Jesus. Ensina-nos a obedecer. Somente ele tudo pode. Nada resolve sozinha. Valoriza a todos. Afinal, ajudar os necessitados deve ser preocupação de todos.

Certamente foi imensa a alegria de Maria ao perceber a felicidade dos noivos. Quem ama, sente-se feliz! Alegria também porque Jesus manifestou sua glória, despertando a fé dos discípulos (Jo 2,11). Como o salmista, pode dar glórias a Deus: "Todos esperam em ti que a seu tempo lhes dês o alimento. Tu lhes dás e eles o recolhem; abres a mão e se saciam de bens" (Sl 103[104],27-28). E como sempre, Maria se retira. Sua missão termina onde começa a de Jesus.

Maria demonstra capacidade única de viver extraordinariamente bem as realidades ordinárias do dia a dia no íntimo de seu coração (Lc 2,51). Os afazeres cotidianos não impedem sua entrega total a Deus e aos irmãos. Em Maria, ação e contemplação formam síntese perfeita. É toda nossa, porque nos recebeu como filhos (Jo 19,26); é inteiramente de Deus, porque o Espírito a cobriu com sua sombra (Lc 1,35). Sua vida foi vivida intensamente no amor. Como Jesus, exultou no Espírito Santo (Lc 10,21). Como ele, aceitou beber o cálice da paixão (Mt 26,39). Como Jesus, enfim, transbordou de alegria na tarde da ressurreição (Jo 20,20). Maria traduz em gestos humanos o amor materno de Deus.

Consagração a Nossa Senhora

Ó Senhora minha, ó minha Mãe, eu me ofereço todo(toda) a vós,
e em prova da minha devoção para convosco,
eu vos consagro neste dia e para sempre,
os meus olhos, os meus ouvidos,
a minha boca, o meu coração e inteiramente todo o meu ser.
E porque assim sou vosso(vossa),
ó incomparável Mãe,
guardai-me e defendei-me como filho(filha) vosso(vossa).
Lembrai-vos de que vos pertenço, terna Mãe, Senhora nossa.
Ah, guardai-me e defendei-me como coisa própria vossa.
Amém.

37
Ressuscitou!

"Entrando no sepulcro, viram do lado direito um jovem, vestido de roupas brancas, e assustaram-se. Ele lhes falou: 'Não tenhais medo. Buscais a Jesus de Nazaré, que foi crucificado? Ele ressuscitou, já não está aqui!'" (Mc 16,5-6).

Quantas vezes nos sentimos aprisionados, como em um sepulcro, por tantas aflições e problemas que afetam nossa vida. São tantas as circunstâncias que determinam nossas atitudes de cada dia que nem sempre conseguimos encontrar uma saída digna. Estamos literalmente presos aos caprichos humanos e às estratégias do mal. Ao narrar a expulsão de Adão e Eva do paraíso, o texto bíblico diz que um anjo foi colocado junto à porta, para que ninguém nele entrasse (Gn 3,24); é um anjo que rola a pedra do sepulcro, para que saia Jesus ressuscitado, Senhor do paraíso (Mt 28,2). Precisamos que a força do Espírito retire também os obstáculos que nos impedem de viver a felicidade e a liberdade dos filhos de Deus.

O apóstolo Paulo estava tão convicto do significado da ressurreição de Cristo e do que isso representava em sua vida, que afirmava: "Porque para mim o viver é Cristo e o morrer é ganho" (Fl 1,21). "Se Cristo não ressuscitou, logo é vã a nossa pregação, e também é vã a vossa fé" (1Cor 15,14). E exortava: "Portanto se já ressuscitastes com Cristo, buscai as coisas que são de cima, onde

Cristo está assentado à destra de Deus" (Cl 3,1). "Revesti-vos, pois, como eleitos de Deus, santos e amados, de entranhas de misericórdia, de benignidade, humildade, mansidão, longanimidade" (Cl 3,12).

A ressurreição é o acontecimento fundante da fé cristã. Não acreditamos em alguém que apenas morreu por amor. O Pai o ressuscitou dos mortos para nos assegurar que Jesus é o seu Filho amado, no qual depositou "toda a sua afeição" (Mc 1,11). São Pedro assegura: "*Porque também Cristo padeceu uma vez pelos pecados, o justo pelos injustos, para levar-nos a Deus;* mortificado, na verdade, na carne, mas vivificado pelo Espírito" (1Pd 3,18). E Paulo conclui: "*Sabemos que Cristo, ressuscitado dos mortos, não morre mais. A morte não tem mais poder sobre ele. Pois aquele que morreu, morreu para o pecado, uma vez por todas, e aquele que vive, vive para Deus*" (Rm 6,9-10).

O evangelista João descreve a aparição de Jesus ressuscitado aos discípulos: "Ao anoitecer daquele dia, o primeiro da semana, os discípulos estavam reunidos, com as portas fechadas por medo dos judeus. Jesus entrou e pôs-se no meio deles. Disse: 'A paz esteja convosco'" (Jo 20,19).

José Antonio Pagola comenta: "É Jesus que toma a iniciativa. Estando fechadas as portas, ele entra em casa. Nada e ninguém pode impedir o Ressuscitado de pôr-se em contato com os seus para reavivar a comunidade. De acordo com o relato, ele entra e se põe no meio deles, cheio de vida. É ele quem deve estar sempre no centro. Ninguém deve ocupar seu lugar. Com o Ressuscitado tudo é possível: dissipar as trevas, libertar-se do medo, abrir portas e pôr em andamento a evangelização do mundo" (J. A. Pagola, *Grupos de Jesus*, Petrópolis, Vozes, 2014, p. 299).

O Papa Francisco convida a abrir as portas para acolher a todos, sem distinção: "A Igreja 'em saída' é uma Igreja com as portas abertas. Sair em direção aos outros para chegar às periferias humanas não significa correr pelo mundo sem direção nem sentido. Muitas vezes, é melhor diminuir o ritmo, pôr de parte a ansiedade para olhar nos olhos e escutar, ou renunciar às urgências para acompanhar quem ficou caído à beira do caminho. Às vezes, é como o pai do filho pródigo, que continua com as portas abertas para, quando este voltar, poder entrar sem dificuldade" (EG 46).

Jesus ressuscitado enviou os apóstolos, e hoje continua enviando a Igreja, para anunciar por toda a terra sua morte e ressurreição redentoras. Somos testemunhas de uma *Boa-Notícia, do Evangelho do Senhor*: "Ide por todo o mundo, pregai o evangelho a toda criatura. Quem crer e for batizado será salvo; mas quem não crer será condenado" (Mc 16,15-16).

"A primeira coisa que o Ressuscitado infunde em sua comunidade é a paz perdida por sua covardia e fraqueza no momento da cruz. Repete-lhes duas vezes: *A paz esteja convosco.* Nenhuma censura por tê-lo abandonado, nenhuma queixa nem reprovação. Dá-lhes como presente sua paz inconfundível. Uma paz que o mundo nunca lhes poderá dar" (J. A. Pagola, *Grupos de Jesus*, Petrópolis, Vozes, 2014, p. 299).

Aquele que esteve morto, mas de novo está vivo e reina pelos séculos dos séculos, é o mesmo que tem as chaves da morte e da região dos mortos (Ap 1,18). Jesus está vivo em nosso meio, como proclamamos em cada celebração litúrgica.

O teólogo Alfonso Garcia Rubio, em seu ensaio de cristologia para nossos dias, comenta: "A ressurreição constitui, já para Jesus, a plenitude do Reino de Deus. E, para nós, é o fundamento de nossa esperança, que nada tem a ver com alienação ou passividade. Ao contrário, trata-se de uma esperança vivida no oferecimento de si próprio ao Pai e na entrega aos irmãos, como fez Jesus. Este é o caminho que conduz à participação da plenitude do Reino de Deus" (A. G. Rubio, *O encontro com Jesus Cristo vivo*, São Paulo, Paulinas, 2001, p. 110).

O Papa Francisco conclui: “Se a Igreja inteira assume este dinamismo missionário, há de chegar a todos, sem exceção. Mas a quem deveria privilegiar? Quando se lê o evangelho, encontramos uma orientação muito clara: não tanto aos amigos e vizinhos ricos, mas sobretudo aos pobres e aos doentes, àqueles que, muitas vezes, são desprezados e esquecidos, ‘àqueles que não têm com que te retribuir’ (Lc 14,14) (EG 48).

Cantai, cristãos, afinal!

Cantai, cristãos, afinal,
Salve, ó vítima pascal!
Cordeiro inocente, o Cristo
abriu-nos do Pai o aprisco.
Por toda ovelha imolado,
do mundo lava o pecado,
duelam forte e mais forte,
é a vida que vence a morte.
O Rei da vida, cativo,
foi morto, mas reina vivo!
Responde, pois, ó Maria,
no caminho o que havia?
Vi Cristo ressuscitado,
o túmulo abandonado,
os anjos da cor do sol,
dobrado no chão o lençol.
O Cristo que leva aos céus
caminha à frente dos seus!
Ressuscitou, de verdade,
Ó Cristo Rei, piedade!

38
O lava-pés

"Jesus levantou-se da mesa, depôs as suas vestes e, pegando uma toalha, cingiu-se com ela. Em seguida, deitou água em uma bacia e começou a lavar os pés dos seus discípulos e a enxugá-los com a toalha com que estava cingido" (Jo 13,4-5).

Seis dias antes, em um jantar em Betânia, em casa de Maria, Marta e Lázaro, Maria lavou os pés de Jesus com nardo puro e os enxugou com seus cabelos (Jo 12,3). Um gesto de puro amor àquele que era seu Mestre e Senhor. Na última Ceia foi Jesus que lavou os pés dos seus discípulos, aqueles que seriam as colunas de sua Igreja. João começa o capítulo treze de seu evangelho, observando: "Antes da festa da Páscoa, sabendo Jesus que chegara a sua hora de passar deste mundo ao Pai, como amasse os seus que estavam no mundo, até o extremo os amou" (Jo 13,1).

O lava-pés não foi apenas um gesto de humildade; foi expressão de seu amor incondicional aos discípulos. *Amou-os ao extremo do amor.* Jesus não podia amar parceladamente; Deus nos ama com amor total. Somente quem é a fonte de todo amor pode amar totalmente, sem restrições. Lava até mesmo os pés de Judas que o traiu. Deus ama a todos, bons e maus.

O apóstolo Mateus lembra as palavras de Jesus: "Eu, porém, vos digo: amai os vossos inimigos, fazei bem aos que vos odeiam, orai pelos que vos maltratam e perseguem. Deste modo sereis os filhos do vosso Pai do céu, pois ele faz nascer o sol tanto sobre os maus como sobre os bons e faz chover sobre os justos e sobre os injustos" (Mt 5,44-45). Somos todos filhos de Deus, amados e redimidos pelo sangue de seu Filho.

"Deus ama a sua criatura, o homem; ama-o também em sua queda e não o abandona a si mesmo. Ele ama até o fim. Vai até o fim com o seu amor, até o extremo: desce de sua glória divina. Depõe as vestes de sua glória divina e reveste-se com as do servo. Desce até a extrema baixeza de nossa queda. Ajoelha-se diante de nós e presta-nos o serviço do servo; lava os nossos pés sujos, para que possamos ser admitidos à mesa de Deus, para que nos tornemos dignos de nos sentarmos à sua mesa o que, por nós mesmos, nunca podemos nem devemos fazer" (https://formacao.cancaonova.com›espiritualidade›lava-pés).

Jesus realiza seu gesto enquanto a refeição está acontecendo. Pode ser que ele esteja colocando uma relação muito estreita entre o comer e o servir, melhor dizendo, entre a eucaristia e o serviço solidário. Estar à mesa é sempre sinal de fraternidade, de comunhão, mas é necessário saber levantar-se na hora certa para poder servir com amor. Qual é a hora propícia para servir, senão aquela em que nosso irmão passa por necessidade?

O lava-pés deixa claro que a última Ceia e, por conseguinte, a eucaristia, são memoriais de uma diaconia que deverá transformar-se em serviço fraterno. Vivemos em uma comunidade onde partimos o pão e lavamos os pés uns dos outros? Somos todos, ao mesmo tempo, servidores e necessitados do serviço dos irmãos. Ninguém está tão acima que não precise dos outros; ninguém se encontra tão depauperado que nada possa oferecer. A eucaristia constitui o ponto de encontro e a fonte alimentadora desses serviços mútuos.

Em um mundo em que o egoísmo impera, a eucaristia quer ser sinal permanente de contradição. Frequentemente, pretende-

-se solucionar conflitos apelando para a força das armas, com isso, aumenta-se o ódio. A aldeia global tornou-se depósito de pessoas mal-amadas. É preciso aprender sempre de novo a lição do lava-pés: servir, cingir-se de boa vontade, abaixar-se para vencer a tentação de querer ser mais que os outros. Lavar os pés é, ao mesmo tempo, o gesto mais trivial e o mais nobre! Só lava os pés de um irmão quem tem um coração purificado pelo amor. Só é grande quem sabe curvar-se para não humilhar os mais pequenos e pobres. Lavar os pés é beijar o coração!

O Concílio Vaticano II, comentando a vocação à santidade de todos os cristãos, ensina: "'Deus é caridade e aquele que permanece na caridade permanece em Deus e Deus nele' (1Jo 4,16). Deus difundiu a sua caridade em nosso coração por meio do Espírito Santo que nos foi dado (cf. Rm 5,5); por isso o dom principal e mais necessário é a caridade, pela qual amamos a Deus sobre todas as coisas e ao próximo por causa dele" (LG 42).

O Senhor limpa-nos de nossa indignidade com a força purificadora de sua bondade. Lavar os pés uns aos outros significa sobretudo perdoar-nos incansavelmente uns aos outros, recomeçar sempre de novo juntos, mesmo que possa parecer inútil. O Senhor convida-nos a deixar de lado nossa autossuficiência, que limita o amor. Jesus lava os pés de seus discípulos. Façamos o mesmo!

Oração

Senhor Jesus, Pão Sagrado descido do céu, alimenta-me cada vez mais com teu Corpo dado e teu Sangue derramado, por amor. Santifica-me com a força deste alimento de salvação.

Pela comunhão eucarística, elimina em mim todo desejo de vingança, todo ódio, raiva, amargura e ressentimento. Que a sagrada eucaristia,

alimento de amor, me robusteça e fortifique cada vez mais,
a fim de ser capaz de promover a vida de meus semelhantes.
Faze-me, pelo poder sagrado da eucaristia, encontrar forças
para enfrentar e sublimar todas as cruzes da vida. Elimina, Jesus,
da minha vida, toda e qualquer resistência ao entendimento
do que efetivamente é a sagrada eucaristia.
Ajuda-me, com tua graça, a transformar a eucaristia em ação
concreta na vida de meus semelhantes. Amém.

39
Os discípulos de Emaús

"Aproximaram-se da aldeia para onde iam e ele fez como se quisesse passar adiante. Mas eles forçaram--no a parar: 'Fica conosco, já é tarde e já declina o dia!'. Entrou então com eles. Aconteceu que, estando sentado conjuntamente à mesa, ele tomou o pão, abençoou-o, partiu-o e serviu. Então se lhes abriram os olhos e o reconheceram... mas ele desapareceu"
(Lc 24, 28-31).

Os discípulos de Emaús afastaram-se da comunidade cristã porque entraram em crise de fé: "Nós esperávamos que fosse ele quem haveria de restaurar Israel e, agora, além de tudo isso, é hoje o terceiro dia em que essas coisas aconteceram" (Lc 24,21). Quando não cremos em Jesus ressuscitado, não tem sentido permanecer na comunidade eclesial, porque ali se celebra o mistério pascal de Cristo. Quantos cristãos se afastam da Igreja porque a fé batismal não foi devidamente cultivada e a pessoa de Jesus tornou-se apenas pálida lembrança de um homem bom que passou pela humanidade e morreu.

A crise dos discípulos de Emaús é a de tantos cristãos em nossos dias. Vivem de uma tradição recebida dos pais, da família, mas que não foi acompanhada por uma catequese adequada e um aprofundamento da fé pela vivência eclesial: "Mas a ele ninguém viu" (Lc 24,24). Perdemos a capacidade de ver Jesus. Somos incapazes de vê-lo nos irmãos, nos acontecimentos de cada dia, no bem que se realiza em toda a humanidade. A terra não é apenas um *vale de lágrimas*. As notícias negativas espalham-se com tanta velocidade que acabam dando a impressão de que tudo está perdido. O mundo não tem mais solução. O mal domina tudo e todos. Não há lugar para a esperança, nem para o sonho de um mundo melhor. A fé cristã não passa de uma utopia.

Precisamos convidar Jesus para a ceia: "Fica conosco, já é tarde, e declina o dia" (Lc 24,29). É na hora da crise de fé que mais precisamos do Senhor ressuscitado. Sua palavra vai fazer arder nosso coração (Lc 24,32) e, quando repartir o pão, gesto de sua total entrega pela salvação do mundo, nossa fé se acenderá pela força do Espírito de Jesus e o conheceremos: "Então se lhes abriram os olhos e o reconheceram... mas ele desapareceu" (Lc 24,31). Quando nossa fé se encontra com Jesus ressuscitado, ele pode desaparecer. Já cumpriu sua missão.

Agora tem sentido voltar à comunidade eclesial: "Levantaram--se na mesma hora e voltaram a Jerusalém" (Lc 24,33). Precisavam dizer aos irmãos: *ele ressuscitou, ceamos com ele*. A força de Jesus ressuscitado não nos deixa inertes; é preciso anunciar, testemunhar, iniciar uma nova caminhada com o Senhor. A ressurreição de Jesus move as pessoas, os corações, move o mundo. Somente ela mudará o mundo para melhor. Quem deve levar à humanidade essa extraordinária notícia somos nós, os discípulos do ressuscitado.

Fica conosco, Senhor!
(Lc 24,13-35)

Dois discípulos caminhavam para uma aldeia chamada Emaús, distante de Jerusalém sessenta estádios. Iam conversando entre si a respeito de tudo o que havia acontecido. Enquanto conversavam e discutiam juntos, Jesus em pessoa aproximou-se e foi caminhando com eles. Mas seus olhos estavam impedidos de reconhecê-lo. (...) Ao chegarem perto da aldeia para onde iam, ele deu a entender que ia para mais longe. Mas insistiram com ele, dizendo: "Fica conosco, porque já é tarde e o dia já se acaba". Ele entrou para ficar com eles. Estando à mesa com eles, tomou o pão, pronunciou a bênção e, depois de o partir, deu-o a eles. Neste momento, os olhos deles se abriram e o reconheceram; mas ele desapareceu de sua vista.

40
Pão para a vida do mundo

"Em verdade, em verdade, vos digo: se não comerdes a carne do Filho do Homem e não beberdes o seu sangue, não tereis a vida em vós. Quem come a minha carne e bebe o meu sangue tem a vida eterna, e eu o ressuscitarei no último dia" (Jo 6,53-54).

"Na última Ceia, na noite em que foi entregue, nosso Salvador instituiu o sacrifício eucarístico de seu Corpo e Sangue. Por ele, perpetua pelos séculos, até que volte, o sacrifício da cruz, confiando à Igreja, sua dileta esposa, o memorial de sua morte e ressurreição: sacramento de piedade, sinal de unidade, vínculo de caridade, banquete pascal, em que Cristo nos é comunicado em alimento, o espírito é repleto de graça e nos é dado o penhor da futura glória" (SC 47).

O mistério eucarístico é fonte inesgotável da vida e das atitudes do cristão. Não há ação cristã transformadora que nele não esteja alicerçada, alimento que nos torna consanguíneos e concorpóreos de Cristo, irmãos e irmãs entre nós. A comunhão com o Ressuscitado edifica a Igreja como comunidade de fé, esperança e caridade.

A assembleia eucarística é verdadeiramente manifestação da Igreja. Todos são celebrantes em torno de Cristo, sumo e eterno sacerdote. O presbítero que preside está à frente de uma comunidade ministerialmente diversa, que participa ativa e conscientemente do mistério celebrado. Afirma o missal romano: "A celebração da Missa, como ação de Cristo e do povo de Deus hierarquicamente ordenado, é o centro de toda a vida cristã, tanto para a Igreja universal como local, e também para cada um dos fiéis" (IGMR 1; SC 41).

Pão dado para a vida do mundo, Sangue derramado para o perdão dos pecados, a eucaristia é fonte de vida para cada cristão e para a comunidade eclesial, para que todos tenham vida e vida em abundância (Jo 10,10). Sacramento da unidade, convida as comunidades a vencer suas divisões para que o mundo creia (Jo 19,21). O testemunho que a Igreja deve dar terá a marca da unidade, da fé e da eficácia do serviço.

Na Missa, a Ceia do Senhor, o povo de Deus é convocado e reunido para celebrar a memória do Senhor, o sacrifício eucarístico. Em torno da mesa eucarística formamos a assembleia do Senhor ressuscitado reunida para o louvor de sua glória. Somos convocados, isto é, Deus nos chama para tomar parte no sacrifício da nova e eterna aliança em seu Sangue, celebrada uma vez para sempre no altar de seu Corpo.

A sagrada eucaristia engloba quatro dimensões teológicas fundamentais: Ceia do Senhor, ação de graças, sacrifício e presença real. O mistério da eucaristia inclui simultaneamente essas quatro dimensões.

Eucaristia é uma ação de graças. Bênção (berakah) é atitude fundamental que perpassa toda a Bíblia, e relaciona-se às grandes obras divinas, às maravilhas de Deus (*mirabilia Dei*). Não se trata de um simples gesto ritual sobre as coisas, mas de ação de graças como resposta aos benefícios operados por Iahweh em favor de seu povo. É como que um "grito de admiração" diante do caráter maravilhoso das obras divinas: "Celebrai a Iahweh porque ele é bom, porque o seu amor é para sempre! Celebrai o

Deus dos deuses, porque o seu amor é para sempre! Celebrai o Senhor dos senhores, porque o seu amor é para sempre" (Sl 135[136])!

A eucaristia é a Ceia do Senhor. Não se trata de uma refeição comum, casual, mas de um sinal escatológico da nova e definitiva comunhão entre a humanidade e Deus. Ela situa-se no tempo intermediário que vai da última Ceia, da qual constitui memorial, ao banquete escatológico, definitivo, na Jerusalém celeste, da qual é preparação e antecipação.

"Se tens sede, bebe da fonte da vida; se tens fome, come o pão da vida. Felizes os que têm fome desse pão e sede dessa fonte. Sempre comendo e sempre bebendo, ainda desejam comer e beber. Porque é imensamente doce aquilo que sempre se come e se bebe, e dele sempre se tem fome e sede, sempre se prova e sempre se deseja mais" (São Columbano, Ofício das leituras, 4ª feira da 21ª semana do Tempo Comum).

Cristo é o sacrifício da nova e eterna aliança, porque, movido pelo amor que o próprio Deus lhe inspira, entrega-se incondicionalmente para fazer a vontade do Pai. Eucaristia é sacrifício como o foi a última Ceia; sendo memorial do único sacrifício de Cristo, como Ceia do Senhor, a eucaristia é atualização, em linguagem simbólica, da entrega de Jesus. A comunhão eucarística não constitui, pois, um apêndice, algo secundário, mas participação essencial no sacrifício de Cristo.

"Vede como Jesus Cristo se uniu à sua esposa, vede com que alimento nos sacia. Do mesmo alimento nos faz nascer e nos nutre. Assim como a mulher, impulsionada pelo amor natural, alimenta com o próprio leite e o próprio sangue o filho que deu à luz, também Cristo alimenta sempre com o seu sangue aqueles a quem deu o novo nascimento" (São João Crisóstomo, Ofício das leituras, 6ª feira da Paixão do Senhor).

"Na última Ceia, na noite em que foi entregue, nosso Salvador instituiu o sacrifício eucarístico de seu Corpo e Sangue. Por ele, perpetua pelos séculos, até que volte, o sacrifício da cruz, confiando deste modo à Igreja, sua dileta esposa, o memorial de sua morte e ressurreição" (SC 47).

Cristo está realmente presente na eucaristia. Cada vez que partimos o pão, como o Senhor nos mandou, ele se faz presente, ressuscitado, com toda a sua divina energia, com seu Espírito Santo, como prometeu. Ao partir o pão, a fé vê mais longe, para além dos meros símbolos humanos, para além das aparências: é o Senhor! Depois disso, o Ressuscitado pode desaparecer, porque sua presença visível já cumpriu sua missão: despertou a fé em sua ressurreição.

Partir o pão, celebrar a eucaristia, além de ser um privilégio do qual jamais devemos abrir mão, constitui uma necessidade permanente, uma vez que o caminho para Emaús continua cheio de insídias, dúvidas, transtornos, desânimos e momentos de fraqueza. A fé pode fraquejar, a esperança esmorecer, a caridade arrefecer.

"Na antiga aliança havia os pães da propiciação; por pertencerem ao Velho Testamento, já não mais existem. Na nova aliança, porém, trata-se de um pão do céu e de um cálice da salvação que santificam a alma e o corpo. Assim como o pão é próprio para a vida do corpo, também o Verbo é próprio para a vida da alma" (Cirilo de Jerusalém, Ofício das Leituras, sábado da oitava da Páscoa).

A eucaristia é o coração do cristianismo; dela parte e a ela retorna toda ação pessoal e social do cristão. Ponto de referência para construir uma Igreja que seja sinal válido para o mundo. Quando a Igreja faz-se serviço, projeta horizontes novos sobre a construção do Reino e sobre a vivência do mistério eucarístico.

A dimensão eclesial da eucaristia fundamenta seu compromisso social. Comungar Jesus é, ao mesmo tempo, entrar em comunhão com os irmãos. Nova ceia, novo mandamento, nova comunidade, nova missão. O amor à eucaristia não permite qualquer ódio. A paz é possível, porque o amor existe! Na eucaristia, Jesus é amor que se faz alimento!

Como memorial da Páscoa do Senhor, a eucaristia não apenas nos faz retroceder para considerar o evento que se realizou, recordando a paixão e a morte do Senhor, mas se abre para uma perspectiva futura. Enquanto esperamos sua vinda, Jesus já inaugura o novo mundo, a nova humanidade e inicia-se a transformação deste mundo em novo céu e nova terra (Ap 21,1). Participar do pão eucarístico é receber o germe da imortalidade, penhor e garantia da ressurreição, da transfiguração final.

Fermento da história rumo à plenitude, a eucaristia transforma o mundo pelo poder de Cristo ressuscitado. Aclama a soberania absoluta de Cristo sobre todas as coisas, porque ele é o primeiro e o último (Ap 1,18). Aquele pelo qual tudo se fez, assumiu a natureza humana e veio habitar entre nós (Jo 1,14). Aquele que era, que é e que vem, elevado da terra, tudo atraiu para si (Jo 12,32).

Rezando com a Igreja

Em verdade, em verdade vos digo:
é meu Pai quem vos dá
o verdadeiro pão do céu.
Pois o pão de Deus
é aquele que desce do céu
e dá vida ao mundo!
Eu sou o pão da vida.
Quem vem a mim não terá mais fome,
e quem crê em mim

nunca mais terá sede.
Esta é a vontade daquele que me enviou:
que não se perca nenhum daqueles
que ele me deu,
mas os ressuscite no último dia.
Quem vê o Filho e nele crê
tem a vida eterna.
E eu o ressuscitarei no último dia!
Eu sou o pão vivo que desceu do céu.
Quem come deste pão
viverá eternamente.
E o pão que eu darei
é a minha carne,
entregue pela vida do mundo.
Este é o pão que desceu do céu.
Quem come deste pão
viverá para sempre!

41
Ovelhas sem pastor

"Filho do homem, profetiza contra os pastores de Israel! Profetiza, dizendo-lhes: Assim diz o Soberano, o Senhor: 'Ai dos pastores de Israel que só cuidam de si mesmos! Acaso os pastores não deveriam cuidar do rebanho?'" (Ez 34,2).

"Ao ver a multidão, Jesus tem compaixão porque são como ovelhas sem pastor" (Mc 6,34). Jesus está recordando as palavras do profeta Ezequiel: havia ovelhas, mas faltavam pastores. Ovelhas fracas, feridas, extraviadas, abandonadas à própria sorte. Os pastores estavam preocupados com o lucro na venda das ovelhas, mas não com elas mesmas.

Ai dos pastores de Israel que cuidam de si mesmos! "Vocês comem a coalhada, vestem-se de lã e abatem os melhores animais, mas não tomam conta do rebanho. Vocês não fortaleceram a fraca nem curaram a doente nem enfaixaram a ferida. Vocês não trouxeram de volta as desviadas nem procuraram as perdidas. Vocês têm dominado sobre elas com dureza e brutalidade (Ez 24,3-4).

Os maus pastores não procuram as ovelhas desviadas, e são tantas em nossos tempos. Querem ver as ovelhas todas no redil, ao seu redor, praticantes fiéis de todos os preceitos ensinados pela Igreja. A tentação é cuidar dessas e lamentar a perda das demais. Infelizmente, não podemos fazer mais. São poucos os pastores e muitas as ovelhas.

De repente, não foram elas tratadas com excessiva dureza, com pouca compaixão? Elas se dispersaram por falta de atenção, de descuido, de comodismo dos pastores. É mais fácil pastorear as ovelhas dóceis, que permanecem fiéis, mesmo quando não acolhidas. As que são rebeldes não merecem os cuidados do pastor, não ouvem sua voz.

Ovelhas que ninguém tem tempo de ouvir: casais que se sentem impotentes diante do desmoronamento da vida matrimonial. Jovens aprisionados pelo medo, pela droga, pela insegurança, sem rumo nem perspectiva de uma vida digna, de um futuro melhor. Crianças órfãs de amor e de acolhimento, perambulando pelas ruas de nossas cidades em busca de um lar. Pessoas que sofrem pela incapacidade de vencer seus problemas pessoais, pessoas que abandonaram a Igreja, mas não perderam a fé, e que encontram portas fechadas pelo excesso de estruturas eclesiais ultrapassadas, que não conhecem a misericórdia, apenas a lei.

É preciso olhar as pessoas como Jesus olhava. Para ele não havia ovelhas perdidas, mas ovelhas a serem encontradas. Se não quisermos tornar as igrejas espaços vazios e os pastores sem ovelhas precisamos sair de nosso comodismo e trazer, até mesmo nos ombros da misericórdia, tantas pessoas caídas à beira do caminho, esperando o bom samaritano.

Nós nos preocupamos, quase inteiramente, com as ovelhas que já estão no redil, salvas do assédio das feras, protegidas e bem alimentadas. Lá fora estão milhares de ovelhas presas nos laços insidiosos do mundo, nas promessas enganosas do consumo e do pansexualismo. É preciso procurá-las e trazê-las para o convívio eclesial.

Há tantas pessoas fora da Igreja que desejam entrar. Há outros que desejam sair, porque não encontram motivos para permanecer. Há o perigo de nos tornarmos pastores de nós mesmos, por falta de ovelhas. Aprendamos de Jesus: “Eu sou o bom pastor. Conheço as minhas ovelhas e minhas ovelhas me conhecem" (Jo 10,14).

Salmo 22(23)

O Senhor é o meu pastor, nada me faltará

Deitar-me faz em verdes pastos,
guia-me mansamente a águas tranquilas.

Refrigera a minha alma, guia-me pelas veredas da justiça,
por amor de seu nome.

Ainda que eu andasse pelo vale da sombra da morte,
não temeria mal algum, porque tu estás comigo;
tua vara e o teu cajado me consolam.

Preparas uma mesa diante de mim
na presença dos meus inimigos,
unges a minha cabeça com óleo,
o meu cálice transborda.

Certamente que a bondade e a misericórdia
me seguirão todos os dias da minha vida;
e habitarei na casa do Senhor
por longos dias.

42

O fariseu e a adúltera

"Um fariseu convidou Jesus a ir comer com ele. Jesus entrou na casa dele e pôs-se à mesa. Uma mulher pecadora da cidade, quando soube que Jesus estava à mesa em casa do fariseu, trouxe um vaso de alabastro cheio de perfume e, estando a seus pés, por detrás dele, começou a chorar" (Lc 7,36-38).

O fariseu convidara Jesus, não a mulher pecadora. Os fariseus, embora pecadores também eles, sempre se consideravam perfeitos, homens fora de qualquer suspeita moral. Este convidou Jesus, mas não realizou os rituais de acolhimento: a água para lavar os pés, o ósculo da acolhida, a unção com o óleo. Um convite formal, mas nada cordial. Mera aparência; nenhum sinal de conversão, de fé. Um convite como tantos outros que se fazem em nossa sociedade de aparências, não de comprometimento.

Os rituais de acolhida da sociedade judaica reportam-nos aos ritos cristãos da iniciação cristã: a água da purificação – o batismo –, o óleo da unção – a confirmação – e o ósculo do amor na última Ceia – a eucaristia. Pelo batismo somos acolhidos por Deus e nos tornamos seus filhos adotivos em Cristo mediante o ministério da Igreja. Pela confirmação recebemos o dom de Deus, o Espírito Santo, para sermos perfeitos no amor. A eucaristia nos une de tal modo a Cristo que nos tornamos templos vivos do Senhor e ele nos alimenta para a vida eterna.

Na ceia na casa do fariseu ele se comporta como justo; a mulher reconhece seu pecado. Ninguém é justo diante de Deus. Só Deus é santo. Por isso onde não se reconhece o pecado, não há lugar para o perdão. O orgulho impede a misericórdia divina de agir. A justiça presumida impede a ação divina de restaurar os danos do pecado, de iluminar a consciência e de sanar a cegueira interior. A mulher nada tem a esconder, está inteiramente aberta ao perdão de Deus. Tem os seus pecados, é verdade, mas tem igualmente muito amor. "Seus numerosos pecados lhe foram perdoados, porque ela demonstrou muito amor" (Lc 7,47).

O fariseu tem nome: Simão; a mulher pecadora, não. Por que Jesus chama o fariseu pelo nome e a mulher não? Não seria porque Jesus não deseja expor a mulher pecadora ao vexame de ser reconhecida pelo nome? Jesus preserva a mulher de outra humilhação. Ela já se sujeitou a tantas humilhações na vida, vendendo seu corpo ao pecado em uma sociedade de exclusão. Há tantas pessoas sem nome nas ruas de nossas cidades, nos cabarés da vida, nas periferias... Nas estatísticas dos poderes públicos, não passam de marginais irrecuperáveis, sem lugar para viver, sem dignidade humana, sem nome.

O fariseu continuou em seu pecado, em sua arrogância, em sua autojustificação. Não tinha necessidade de perdão; quis apenas vangloriar-se à custa de Jesus. Nada mais dignificante do que o Mestre em sua casa para tomar uma refeição, enquanto dezenas de pessoas ficavam do lado de fora para apreciar o charme do banquete. A mulher pecadora participou da ceia chorando e lavando os pés do Mestre com as lágrimas do arrependimento. Ela não veio para sentar-se à mesa, mas para lavar os pés de Jesus e enxugá-los com seus cabelos. "Aquele que se exaltar será humilhado, e aquele que se humilhar será exaltado" (Mt 23,12).

Salmo 50(51)

Tende piedade, ó meu Deus, misericórdia,
na imensidão do vosso amor purificai-me!
Lavai-me todo inteiro do pecado,
e apagai completamente a minha culpa.

Eu reconheço toda a minha iniquidade,
e o meu pecado está sempre à minha frente.
Foi contra vós, só contra vós que eu pequei,
e pratiquei o que é mau aos vossos olhos.

Mostrais assim quanto sois justo na sentença,
e quanto é reto o julgamento que fazeis.
Vede, Senhor, que eu nasci na iniquidade
e pecador já minha mãe me concebeu.

Mas vós amais os corações que são sinceros,
na intimidade me ensinais sabedoria.
Aspergi-me e serei puro do pecado,
e mais branco do que a neve ficarei.

43
Os primeiros discípulos

"Perseveravam eles na doutrina dos apóstolos, nas reuniões em comum, na fração do pão e nas orações"
(At 2,42).

O texto apresenta a vivência da Igreja no tempo dos apóstolos. Como hoje, também lá havia problemas que eles precisavam resolver, como o episódio de Ananias e Safira, que esconderam parte do dinheiro destinado aos pobres, e ainda a reclamação das viúvas gregas que não eram devidamente atendidas pela comunidade. Para resolver esse último problema, os apóstolos instituíram ministros especiais, que a Igreja reconhece como os primeiros diáconos.

São Lucas faz saber da profunda união entre os membros da comunidade cristã. "A multidão dos fiéis era um só coração e uma só alma. Ninguém dizia que eram suas as coisas que possuía, mas tudo entre eles era comum" (At 4,32). A convivência da comunidade cristã primitiva estava baseada em quatro pilares: fidelidade ao ensinamento dos apóstolos, reuniões em comum, fração do pão e orações. Vejamos, em particular, cada um deles.

A fidelidade à doutrina dos apóstolos alicerçava a unidade em torno da mesma fé: Jesus ressuscitado dos mortos é o nosso Salvador, constituído pelo Pai como Mediador entre Deus e os homens. Ele nos salvou por sua morte na cruz e por sua ressurreição, dando-nos uma vida nova, a filiação divina: "Que toda a casa de Israel saiba, portanto, com a maior certeza, que este Jesus, que vós crucificastes, Deus o constituiu Senhor e Cristo" (At 2,36). E Pedro lhes indicou o verdadeiro caminho da salvação: "Arrependei-vos, e cada um de vós seja batizado em nome de Jesus Cristo, para a remissão dos vossos pecados. E recebereis o dom do Espírito Santo" (At 2,38).

O *Creio* que professamos reza: *Creio na Igreja, una, santa, católica e apostólica.* A apostolicidade da Igreja nos une diretamente a Cristo, por isso é elo fundamental para a fé cristã. Ligados aos apóstolos, temos certeza de estar inseridos na videira que é Cristo e assim poder produzir muitos frutos (Jo 15,1-8). Durante a história da Igreja, esta unidade na fé passou por muitas turbulências e desencontros, mas continua sendo imprescindível. O desafio será sempre manter a unidade na diversidade das opiniões e modos de agir. Unidade não significa uniformidade.

As reuniões eram marcadas pelo amor mútuo. Comenta São João em sua primeira carta: "Caríssimos, amemo-nos uns aos outros, porque o amor vem de Deus e todo o que ama é nascido de Deus e conhece a Deus. Aquele que não ama não conhece a Deus, porque Deus é amor" (1Jo 4,7-8). Jesus no-lo deu como seu novo mandamento: "Dou-vos um novo mandamento: amai-vos uns aos outros. Como eu vos amei, assim também vós deveis amar-vos uns aos outros" (Jo 13, 34).

Em sua encíclica *Deus caritas est,* o Papa Bento XVI escreve: "O Espírito é a força interior que harmoniza o coração daqueles que creem com o coração de Cristo e leva-os a amar os irmãos como ele os amou, quando se inclinou para lavar os pés dos discípulos e, sobretudo, quando deu a sua vida por todos" (n. 19). E conclui: "A natureza íntima da Igreja exprime-se em um tríplice dever: anúncio da Palavra de Deus, celebração dos Sacramentos, serviço da caridade. São deveres que se reclamam mutuamente, não podendo um ser separado dos outros. Para a Igreja, a caridade não é uma espécie de atividade de assistência social que se poderia mesmo deixar a outros, mas pertence à sua natureza, é expressão irrenunciável de sua própria essência" (n. 25).

Os cristãos eram assíduos à *fração do pão*. Este era o nome que indicava a celebração eucarística. A eucaristia é o dom de Deus por excelência, porque é o próprio Cristo que nos é oferecido como alimento: "Quem come a minha carne e bebe o meu sangue tem a vida eterna, e eu o ressuscitarei no último dia" (Jo 6, 54).

Afirma o Papa São João Paulo II em sua encíclica *Ecclesia de Eucharistia:* "A Igreja recebeu a Eucaristia de Cristo, seu Senhor, não como um dom, embora precioso, entre muitos outros, mas como *o dom por excelência*, porque dom dele mesmo, de sua Pessoa na humanidade sagrada, e também de sua obra de salvação. Esta não fica circunscrita no passado, pois 'tudo o que Cristo é, tudo o que fez e sofreu por todos os homens, participa da eternidade divina, e assim transcende todos os tempos e em todos se torna presente'" (n. 11).

Quando a missa era celebrada em latim, o padre encerrava a celebração, dizendo: *Ite, missa est* que por muitos foi traduzido por *Ide, a missa terminou.* A palavra *missa* vem de *missio, missão.* A tradução correta seria: *Ide para a missão.* Que missão? A de testemunhar lá fora, no mundo, o dom que foi celebrado na comunidade eclesial. Celebrar a eucaristia é, pois, preparar-se para a missão de levar à sociedade o dom que o Pai nos deu: Jesus Salvador. Eucaristia é o alimento para a missão. Pão para a vida do mundo.

Por último, os cristãos eram fiéis à vida de oração. Para nos encontrarmos com Deus é preciso, antes, entrarmos em nós mesmos. Significa dar ouvidos ao nosso coração. Escutar os próprios sentimentos e necessidades e sentir tudo o que nos agita em nosso interior, para depois penetrarmos no mistério de Deus. Só Cristo é nosso Mediador junto ao Pai; não há diálogo com o Pai senão pelo Filho: "Ninguém conhece o Filho senão o Pai, e ninguém conhece o Pai senão o Filho e aquele a quem o Filho quiser revelá-lo" (Mt 11,27).

A vida espiritual do cristão alimenta-se da palavra de Deus, da vivência sacramental e da vida de caridade. Três realidades absolutamente inseparáveis. A palavra faz arder o coração; a eucaristia aprofunda nossa união com Cristo; a caridade insere na plenitude do amor de Deus. Assim se manifesta o monge alemão Anselm Grün: "A meta da vida espiritual é viver constantemente nesta relação amorosa em Jesus Cristo para, desse modo, encontrar a salvação e tornar-me pleno. Neste relacionamento, nada em mim permanece reprimido ou excluído; pelo contrário, tudo é considerado e relacionado a Deus" (Anselm Grün, *A oração como encontro*, Petrópolis, Vozes, 2001, p. 139).

Tu me conheces
(Sl 139)

Vós me sondais e me conheceis, Senhor:
sabeis quando me sento ou me levanto.
De longe penetrais meus pensamentos;
discernis quando ando ou me deito,
todos os meus caminhos conheceis.
Pois a palavra ainda não me chegou à língua
e vós, já a sabeis inteiramente.
Por trás e pela frente me envolveis
e pondes sobre mim vossa mão.
Maravilhosa ciência que me ultrapassa,
tão elevada que não a posso atingir.
Para onde irei, longe de vosso espírito?
Para onde fugirei de vossa face?
Se subo ao céu, lá estais;
se desço ao abismo, aí vos achais.

44
Tocar as chagas de Jesus

"Oito dias depois, estavam seus discípulos no mesmo lugar e Tomé com eles. Estando trancadas as portas veio Jesus, pôs-se no meio deles, e disse: 'A paz esteja convosco'. Depois disse a Tomé: 'Introduz aqui o teu dedo e vê as minhas mãos. Põe tua mão no meu lado. Não sejas incrédulo, mas homem de fé!' Respondeu-lhe Tomé: 'Meu Senhor e meu Deus!'" (Jo 20,26-29).

O segundo domingo da Páscoa, chamado na liturgia de *domingo in albis,* lembra os cristãos da Igreja primitiva que, nesse dia, depunham as vestes brancas recebidas na Vigília Pascal, por ocasião do batismo. O Papa São João Paulo II, no dia 30 de abril do ano 2000, por ocasião da canonização da Irmã Faustina Kowalska, que tivera visões de Jesus, instituiu a festa da Divina Misericórdia para a Igreja universal.

O Papa Francisco, ao celebrar o Domingo da Divina Misericórdia, em 19 de abril de 2020, lembrou, em sua homilia, o significado da festa: "Na vida, caminhamos tateando, como uma criança que começa a andar, mas cai; dá alguns passos e cai novamente; cai e volta a cair, mas sempre o pai a levanta. A mão que nos levanta sempre é a misericórdia: Deus sabe que, sem misericórdia, ficamos caídos no chão... O Senhor espera que lhe levemos as nossas misérias, para nos fazer descobrir a sua misericórdia".

Mas, voltemos a Tomé, o discípulo que não acreditou na ressurreição do Senhor. Não nos interessa investigar o fato de ele não estar com os demais discípulos, quando Jesus apareceu pela primeira vez. O que importa é que, nessa segunda aparição, ele estava presente. Delicadamente Jesus restabelece a fé do discípulo: *(Tomé) "Introduz aqui o teu dedo e vê as minhas mãos. Põe a tua mão no meu lado. Não sejas incrédulo, mas homem de fé!"* Jesus sempre sabe entrar nos corações, mesmo estando fechada a porta. O amor abre todas as portas.

Nós não tivemos a graça de tocar nas chagas de Cristo, mas aprendemos do apóstolo Tomé a ver mais longe, de outro modo. Podemos, ainda hoje, tocar as chagas de Jesus se aprendermos a ver o Ressuscitado em cada irmão, em cada ser humano, chagado, perambulando pelas ruas de nossas cidades, nos hospitais, nos leitos de dor, na miséria, passando fome ou doente por tantas enfermidades que afligem a humanidade.

Como podemos fazer isso? O evangelista Mateus lembra: "Então o Rei dirá aos que estiverem à sua direita: 'Venham, benditos de meu Pai! Recebam como herança o Reino que lhes foi preparado desde a criação do mundo! Pois eu tive fome, e vocês me deram de comer; tive sede, e vocês me deram de beber; fui estrangeiro, e vocês me acolheram; necessitei de roupas, e vocês me vestiram; estive enfermo, e vocês cuidaram de mim; estive preso, e vocês me visitaram'" (Mt 25,34-36).

O segredo está aqui: "Digo-lhes a verdade: o que vocês deixaram de fazer a um desses mais pequeninos, também a mim deixaram de fazê-lo" (Mt 25,45). Jesus está presente naquele que vive ao meu lado. Tocar nas chagas de Jesus é apalpar as chagas de cada ser humano. Existem tantas chagas...

Milhões de pessoas morrem de fome. Fome por falta de alimentos materiais, fome por falta de acolhimento, fome por sentir-

-se abandonadas nas ruas de nossas cidades, perdidas na vida, sem esperança de dias melhores, excluídas de uma convivência humana digna, famintas e sedentas do amor fraterno que não existe. As esmolas podem até ajudar, mas não são a solução. Os famintos e sedentos querem ser amados, reconhecidos em sua dignidade. Nesses nossos irmãos, as chagas de Jesus estão expostas; precisamos tocá-las e dizer: *Meu Senhor e meu Deus.*

O mundo vive, como nunca, o drama dos refugiados. *"Eu fui estrangeiro e vocês me acolheram"* está sendo uma realidade diária. São tantos os que, por vários motivos, não conseguem mais permanecer em seus países e migram em busca de outra pátria. Uma situação caótica para a qual o Papa Francisco não cessa de chamar atenção. Por ocasião do Dia Mundial do Migrante e do Refugiado, promulgado no dia 17 de maio de 2019, Sua Santidade lembrou: "Não se trata apenas de migrantes: trata-se também dos nossos medos. As maldades e as torpezas de nosso tempo fazem aumentar "o nosso receio em relação aos 'outros', aos desconhecidos, aos marginalizados, aos forasteiros (...). E isto nota-se particularmente hoje, perante a chegada de migrantes e refugiados que batem à nossa porta em busca de proteção, segurança e um futuro melhor".

Recordando a parábola do bom samaritano, afirmou: "A compaixão toca as cordas mais sensíveis de nossa humanidade, provocando um impulso imperioso a fazer-nos próximos de quem vemos em dificuldade". E concluiu: "Abrir-se aos outros não empobrece, mas enriquece, porque nos ajuda a ser mais humanos: a reconhecer-se parte ativa dum todo maior e a interpretar a vida como um dom para os outros; a ter como alvo não os próprios interesses, mas o bem da humanidade".

Outra chaga de Jesus exposta em nossos tempos é aquela que diz: "*Estava nu e não me vestiram*". Não se trata da nudez física, embora esta seja com frequência fonte de malícia. Quantas pessoas são despidas de sua dignidade humana, excluídas do convívio social como lixo incômodo que precisa ser descartado. Quantas *purificações raciais* aconteceram no passado e, sorrateiramente, continuam a acontecer na sociedade atual. Há muitos modos de se 'livrar' dos que são tidos como problema social.

Os enfermos e os presos são igualmente chagas vivas de Cristo a serem tocadas com muito amor. Os doentes, muitas vezes, são esquecidos nos hospitais, nas casas de idosos, nos orfanatos. Nem sempre é possível mantê-los no ambiente familiar, mas sempre devemos tomar uma atitude cristã de amor e de cuidados especiais. Quanto aos presos, que abarrotam nossas prisões, com frequência saem de lá piores do que entraram, por falta de condições efetivas para sua reintegração social.

Tocar as chagas de Jesus é um dom que Deus nos oferece a cada momento; precisamos enxergá-las. São palavras de Jesus: "O que vocês fizeram a algum dos meus menores irmãos, a mim o fizeram" (Mt 25,40). Não podemos escolher aqueles que devem ser ajudados; devemos ajudar os que precisam de ajuda. O meu irmão é aquele que Deus coloca no meu lado para ser amado. Meu irmão é sagrado: é Jesus!

Oração do bom samaritano

Senhor, abre hoje os nossos corações,
para que eles estejam sempre disponíveis para os nossos próximos.
Que nós os reconheçamos em todos os momentos
e em todas as situações.
Que nós estejamos sempre dispostos a ajudar,
a servir os nossos próximos,

não para aliviarmos as nossas consciências,
mas por amor, Senhor! Por amor!
Para que seja verdade e vida em nós
o teu mandamento:
"Amarás o Senhor, teu Deus, com todo o teu coração, com
toda a tua alma, com todas as tuas forças
e com todo o teu entendimento,
e ao teu próximo como a ti mesmo".
Amém.

46
Servos e amigos

"Ninguém tem amor maior do que aquele que dá a vida pelos amigos. Vós sois meus amigos, se fizerdes o que eu vos mando. Já não vos chamo servos, porque o servo não sabe o que faz o seu senhor. Eu vos chamo amigos, porque vos dei a conhecer tudo o que ouvi de meu Pai" (Jo 15,13-15).

O relacionamento entre senhor e servo, patrão e empregado, dono da casa e criado é marcado pela distância, pela submissão, pela obediência, pelo medo. O patrão se aproxima do empregado para dar ordens. Jamais lhe confidencia seus projetos pessoais, nada revela de sua vida íntima em família. As relações com os empregados são misteriosas e causam medo nos criados, que podem ser demitidos se o patrão não estiver de acordo com alguma atitude por eles tomada.

O amigo, pelo contrário, estreita laços, busca proximidade, alegra-se com a convivência e a amizade, deposita toda a confiança no amigo, sente-se feliz ao seu lado, partilha com ele seus segredos e suas necessidades, socorre-o nas suas carências, é capaz de pôr os bens em comum, confidencia seus segredos, angústias e alegrias, projetos de vida. Na relação da verdadeira amizade nada se esconde, tudo se compartilha. Bem diz a Escritura: "O amigo fiel é uma poderosa proteção: quem o achou, descobriu um tesouro. Nada é comparável a um amigo fiel, o ouro e a prata não merecem ser postos em paralelo com a sinceridade de sua fé. Um amigo fiel é um remédio de vida e imortalidade; quem teme o Senhor, achará esse amigo" (Eclo 6,14-16).

Jesus se fez nosso amigo. "Eu vos chamo amigos" (Jo 15,15). Jesus se fez próximo de nós, tão próximo que assumiu a natureza humana no seio da Virgem Maria para ser *Deus conosco.* Sem deixar de ser Deus, assumiu nossa natureza para libertar-nos do poder da morte e do pecado.

Quem mais do que ele conquistou a confiança dos pobres, dos necessitados, dos doentes, dos pecadores? Ele se fez tudo para todos. A ninguém excluiu, atendeu a todos, acolheu as crianças, teve uma palavra de conforto para cada sofredor. A todos manifestou o amor do Pai, mostrou o caminho do Reino de Deus, revelou os segredos do Pai. "Porque eu não falei por mim mesmo. Mas o Pai que me enviou, ele é quem me ordenou o que eu devia dizer e falar" (Jo 12,49).

Jesus, nosso melhor amigo, demonstrou definitivamente seu amor para conosco quando nos deu sua vida por nossa redenção. "Ninguém tem maior amor do que aquele que dá a vida por seus amigos" (Jo 15,13). Santo Agostinho acrescenta: "Grandes coisas o Senhor nos promete no futuro! Mas o que já fez por nós e agora celebramos é ainda muito maior. Onde estávamos ou quem éramos, quando Cristo morreu por nós pecadores? Quem pode duvidar que ele pode dar a vida pelos seus fiéis, quando já lhes deu a sua morte? Por que a fraqueza humana ainda hesita em acreditar que um dia os homens viverão em Deus?" (Santo Agostinho, Bispo, séc. V, Liturgia das Horas, Vol. II, p. 376).

Se tal é o amor de Jesus por nós, se o alcance de sua amizade conosco levou-o a dar a vida por cada ser humano, qual deverá ser a nossa resposta senão de total fidelidade?

Oração pelo amigo

Senhor, olhai por meu(minha) amigo(amiga),
que as pedras sejam removidas de seu caminho,
que tenha forças para carregar seus fardos,
que encontre coragem para resistir ao mal,
que possa ver o amor em todos os seres,
que seja abraçado pela lealdade,
que encontre conforto e saúde se estiver doente,
que seja próspero e saiba partilhar,
que tenha paz cobrindo seu espírito,
que sua mente obtenha os conhecimentos,
que use sabedoria para aplicá-los,
que saiba distinguir o bem do mal,
que tenha fé para manter-se forte na dor.
Senhor, olhai por meu(minha) amigo(amiga)!
Protegei cada passo que ele(ela) der,
que a cada novo dia ele aceite o novo,
que saiba alegremente comunicar novidade,
que vos sinta em todos os momentos,
e que tenha o vosso colo por toda a eternidade!
Amém.

47
Eis o lenho da cruz

"Eis o lenho da cruz, da qual pendeu a salvação do mundo. Vinde, adoremos!"

A Sexta-feira Santa, de modo especial, apresenta o sentido profundo da cruz, não como uma derrota de Cristo ou o fim melancólico de sua missão sobre a terra, mas como o trono da vitória sobre o pecado de toda a humanidade, redimida por seu sangue precioso. Cantamos ao final da cerimônia da Paixão: "Vitória, tu reinarás, ó cruz tu nos salvarás".

A cruz, fincada na terra, eleva-se até os céus, ligando a humanidade a Deus, tendo Cristo como mediador. O sangue de Cristo fecunda a terra, resgatando-a de toda maldade para, a partir dela, inaugurar o novo céu e a nova terra, pois o primeiro céu e a primeira terra desapareceram, lavados pelo sangue do Cordeiro (Ap 21,1). Pela árvore do paraíso Adão fez entrar o pecado e a morte; pela árvore da cruz, o novo Adão, Cristo, reconduz a humanidade para junto de Deus.

São Teodoro Estudita, teólogo do século 8º, comenta em seu sermão: "Ó preciosíssimo dom da cruz! Vede o esplendor de sua forma! Não mostra apenas sua imagem mesclada de bem e de mal, como aquela árvore do paraíso, mas totalmente bela, magnífica para a vista e o paladar. É uma árvore que não gera a morte, mas a vida, que não difunde as trevas, mas a luz, que não expulsa do paraíso, mas nele introduz. A esta árvore subiu Cristo, como um rei que sobe ao carro triunfal, e venceu o demônio, detentor do poder da morte, para libertar o gênero humano da escravidão do tirano" (Liturgia das Horas, Vol. II, p. 609-610).

Máximo de Turim, citado por Anselm Grün, escreve: "O próprio Senhor nos afirma que a cruz conduz verdadeiramente à casa do Pai, depois de muitas errâncias, quando ele, no madeiro da cruz, declarou ao ladrão: ainda hoje estarás comigo no paraíso. Sim, este ladrão passou muito tempo na viagem errante, naufragou, e jamais teria voltado à pátria do paraíso, da qual tinha um dia saído o primeiro homem, se não tivesse sido amarrado na árvore de uma cruz" (A. Grün, *A Cruz*, São Paulo, Paulus, 2009, p. 18).

O sinal da cruz, traçado pelo celebrante na testa daquele que será batizado, lembra a pertença a Cristo: "Nosso sinal é a cruz de Cristo, por isso vamos marcar-te com o sinal de Cristo Salvador". A cruz lembra a história da paixão de nosso tempo, mas somente ela pode trazer esperança e conforto para os corações. Em nosso sofrimento ninguém fica esquecido aos olhos misericordiosos de Deus, porque Jesus derramou sobre todos o perdão do Pai.

Os sofrimentos fazem-nos todos irmãos no pecado e no perdão. O mundo não está dividido entre pessoas que sofrem e outras, privilegiadas, que não sofrem. Todos sofrem. A diferença está em que uns sofrem acreditando na força redentora da cruz de Cristo e, outros, não tendo fé. Sem fé a cruz é suplício, morte, desgraça; com fé, a cruz torna-se caminho para a ressurreição e a eterna felicidade.

Afirma Anselm Grün: "Quem se benze com a cruz pertence inteiramente a Cristo, consagra-se a ele e experimenta a partir dele proteção em todas as aflições deste tempo" (idem, p. 12). "Cruz fiel, árvore nobre, que flor e fruto nos dais, árvore alguma se cobre das mesmas pompas reais. Lenho que o sangue recobre, ao Homem Deus sustentais!" (Hino da liturgia da Sexta-feira Santa).

Hino cristológico
Fl 2,6-11

Tende em vós os mesmos sentimentos de Cristo Jesus: apesar de sua condição divina, ele não reivindicou seu direito de ser tratado como igual a Deus. Ao contrário, aniquilou-se a si mesmo e assumiu a condição de servo, tornando-se semelhante aos homens. Por seu aspecto, reconhecido como homem, humilhou-se, fazendo-se obediente até a morte, e morte de cruz.

Por isso Deus o elevou acima de tudo e lhe deu o Nome que está acima de todo nome, de modo que ao nome de Jesus todo joelho se dobre nos céus, na terra e debaixo da terra, e toda língua proclame que Jesus Cristo é o Senhor, para a glória de Deus Pai.

48
O dedo de Deus

"Apresentaram a Jesus um surdo-mudo, rogando-lhe que lhe impusesse a mão. Jesus tomou-o à parte dentre o povo, pôs os dedos nos ouvidos e tocou-lhe a língua com saliva e, levantando os olhos para o céu, deu um suspiro e disse: Efatá! (que quer dizer abre-te)"
(Mc 7,32-34).

Na pintura de Michelangelo na Capela Sistina, no Vaticano, ao representar a criação do ser humano, Deus toca com o dedo indicador o dedo de Adão para lhe comunicar o dom da vida. O dedo indicador é aquele que identifica as pessoas, aponta seus erros e acertos, comunica vida, é sinal de acolhimento. Deus transmite a Adão sua vida, sua inteligência, sua vontade, seu amor. O ser humano se torna imagem e semelhança de Deus (Gn 1,26).

A Bíblia claramente ensina que Deus é Espírito, não físico (Jo 4,24). Ele não possui massa física. O homem, um ser físico, composto de matéria, está sujeito ao espaço e ao tempo. Por isso que é difícil aos humanos conceituar um ser infinito e eterno como Deus. Podemos concluir que o dedo de Deus é a manifestação do Pai para fazer diferenciação entre os servos de Deus e os servos das trevas.

No livro do Êxodo aparece o dedo de Deus fazendo sinais. Diante dos sinais realizados por Moisés, os magos dizem ao faraó que são sinais do dedo de Deus (Ex 8,19). Moisés lembra: "E o Senhor me deu as duas tábuas de pedra, escritas com o dedo de Deus, nas quais estavam todas as palavras que o Senhor tinha falado no monte, no meio do fogo, no dia da congregação" (Dt 9,10; Ex 31,18). Em outras palavras, Deus escreveu-as e colocou-as sobrenaturalmente em pedra. Diz o salmista: "Quando vejo os teus céus, obra dos teus dedos, a lua e as estrelas que criaste: que é o homem mortal para que te lembres dele? E o filho do homem para que o visites?" (Sl 8,4-5). Obviamente, Deus não tem dedo de carne! Tudo isso é a manifestação sobrenatural de seu poder.

O dedo mostra também a misericórdia de Deus. Uma mulher apanhada no próprio ato adulterando, estava sendo condenada por muitos que com ela haviam pecado. Levada até a presença de Jesus e já com pedras na mão para matá-la, aqueles homens acusavam-na de ser uma grande pecadora. "Mas Jesus, inclinando-se, escrevia com o dedo na terra" (Jo 8,6). Seriam os pecados dos acusadores? "Aquele que dentre vós está sem pecado seja o primeiro que atire pedra contra ela" (Jo 8,7). De fato, todos foram embora, a começar pelos mais velhos.

Os que fizeram isso não imaginavam que, ao invés da morte, aquela mulher iria receber vida por intermédio de Jesus. "Terei eu prazer com a morte do malvado? – oráculo do Senhor Deus. Não desejo antes que mude de conduta e viva?" (Ez 18,23). "E, tornando a inclinar-se, continuou a escrever na terra" (Jo 8,8). Um a um foram soltando o que levavam nas mãos e se afastando. Aquela mulher estava necessitada e sua alma foi curada. De fato, não são os que têm saúde que precisam de médico, mas os doentes (Mc 2,17). Paulo comenta: "Deus demonstra seu amor por nós: Cristo morreu em nosso favor, quando ainda éramos pecadores" (Rm 5,8).

No episódio de Baltazar, diante da profanação dos vasos sagrados que seu pai, o rei Nabucodonosor, trouxera do templo de Jerusalém, dedos de uma mão humana escrevem diante do castiçal na parede do palácio real. *Menê: contou Deus (os anos) de teu reinado e acabou. Tequel: foste pesado na balança e achado em falta. Perês: o teu reino foi dividido e entregue aos medos e persas* (Dn 5,5ss). O dedo de Deus chega com juízo. Tudo aquilo que é consagrado a Deus deve ser usado somente para sua glória.

O dedo de Deus também age para afastar o mal. "Se eu expulso os demônios pelo dedo de Deus, certamente é chegado a vós o Reino de Deus" (Lc 11,20). Tudo o que Jesus faz é da parte de Deus. No texto paralelo de Mateus, o evangelista substitui a expressão *dedo de Deus* por *Espírito de Deus* (Mt 12,28).

O dedo de Deus abre os ouvidos. Trouxeram a Jesus um surdo-mudo e pediram que lhe impusesse as mãos e o curasse. Levando-o à parte, fora da multidão, Jesus tocou-lhe os olhos e a língua, e disse: *Efatá*, que quer dizer *abre-te*, e o surdo-mudo ficou curado (Mc 7,32-36). Muitos escutam as mensagens, porém não podem ouvir porque seus ouvidos estão fechados. O dedo de Deus entra em nossos ouvidos e abre-os para que possamos escutar e entender a palavra, pois a fé vem pelo ouvido. Jesus não abre apenas os nossos ouvidos, mas também solta a nossa língua para anunciarmos o evangelho.

Confiança em Deus
Is 53,4-5

Certamente, ele tomou sobre si as nossas enfermidades e sobre si levou as nossas doenças; contudo, nós o consideramos castigado por Deus, por Deus atingido e afligido. Mas ele foi traspassado por causa das nossas transgressões, foi esmagado por causa de nossas iniquidades; o castigo que nos trouxe paz estava sobre ele, e pelas suas feridas fomos curados.

47
Eu estarei no meio deles

"Se dois de vós se unirem sobre a terra para pedir, seja o que for, o conseguirão de meu Pai que está nos céus. Porque onde dois ou três estão reunidos em meu nome, aí estou eu no meio deles" (Mt 18,18-20).

Em todas as celebrações litúrgicas a comunidade professa a certeza da presença de Jesus. À saudação do presidente da celebração "*O Senhor esteja convosco*", a assembleia responde: *"Ele está no meio de nós"*. Uma verdadeira profissão de fé em Cristo que, de fato, preside a comunidade cristã. Jesus no meio confere legitimidade à reunião dos cristãos. O encontro dos fiéis torna-se uma oração. Ele é o Mediador que nos une entre nós e nos une ao Pai na força do Espírito Santo. É Cristo que eleva ao Pai nossa oração. Por ele, com ele e nele sobem ao Pai nossos pedidos.

Os primeiros cristãos estavam convictos dessa presença mediadora de Jesus. "A multidão dos fiéis era um só coração e uma só alma. Ninguém dizia que eram suas as coisas que possuía, mas tudo entre eles era comum" (At 4, 32). Tudo tinham em comum, porque em todos estava presente o Senhor. O Espírito Santo fazia da comunidade dos fiéis *um só coração e uma só alma*. Quando rezavam, tremia o lugar onde estavam reunidos, porque o Espírito de Jesus os unia em uma só oração (At 4,21).

O autor dos Atos dos Apóstolos afirma que os apóstolos e outros que estavam com eles eram unânimes na oração com Maria, a Mãe de Jesus (At 1,14). Todos reunidos no mesmo lugar em nome de Jesus (At 2,1). O Espírito Santo encontra ambiente perfeito para descer sobre todos. Todos são um só coração e uma só alma. Afirma o Catecismo da Igreja Católica no número 2615: "No Espírito Santo a oração cristã é comunhão de amor com o Pai, não apenas por Cristo, mas também nele. *Até agora nada pedistes em meu nome. Pedi e recebereis, e vossa alegria será perfeita*" (Jo 16,24).

Jesus ouve nossa oração como ouviu a oração do leproso, de Jairo, da mulher cananeia, do bom ladrão, dos cegos que o reconheceram como Filho de Davi (Mt 9,27) e de tantos outros. Atende também a nossa oração, os nossos pedidos, principalmente quando a prece é fruto de um coração que vive em harmonia com os outros. A vivência do amor fraterno é condição fundamental para a oração cristã. Se não estamos unidos entre nós, não há amor; nossa oração não é ouvida; é preciso, primeiro, buscar a reconciliação: "deixa ali mesmo diante do altar tua oferta, e primeiro vai reconciliar-te com teu irmão, e depois volta e apresenta tua oferta" (Mt 5,24). Nossa vida de oração é nossa grande oferta.

São Cipriano, bispo e mártir, falando sobre a oração feita na unidade de coração, escreve: "Para inculcar aos seus discípulos a união e a paz, diz ele: 'Eu vos afirmo que, se dois de vós concordarem na terra em pedir qualquer coisa, ela lhes será outorgada por meu Pai que está nos céus' (Mt 18,19)". E continua: "'Onde quer que se encontrem dois ou três reunidos em meu nome, eu mesmo estou com eles', mostrando que o que mais vale na oração não é o número dos que oram, mas sua união de espírito" (*Tratado sobre a unidade da Igreja Católica*, 12,3).

A vida do cristão, e por conseguinte sua oração, deve estar permeada pelo mistério da Santíssima Trindade. Como as três

Pessoas divinas estão de tal modo unidas que são um só Deus, os cristãos, quando se dirigem a Deus, devem estar intimamente unidos entre si. Um só coração e uma só alma. A perfeita unidade no amor das Pessoas divinas é modelo da união entre nós. Por isso para que nossa oração seja aceita por Deus, deve ser fruto do amor, da concordância entre nós. Deus atende a prece que brota do amor, da união entre os seus filhos. Trazemos a marca de Deus Uno e Trino em nós. Fomos criados à sua imagem e semelhança.

Oração pela unidade da Igreja

Senhor, tu queres que teus filhos sejam um em ti; nós te pedimos pela unidade de tua Igreja.
Livra-nos de considerar como normal aquilo que é um escândalo para o mundo e uma ofensa ao teu amor.
Livra-nos de todas as nossas estreitezas, rancores e de nossos julgamentos.
Dá-nos a graça de reconhecer os teus dons em todos os teus filhos.
Reúne teu povo disperso sob a autoridade de teu único Filho, a fim de que o mundo te conheça e saiba que apenas tu és o verdadeiro Deus e que teu Filho único é teu enviado.

48
Eu te louvo, ó Pai!

"Pai, Senhor do céu e da terra, eu te dou graças porque escondeste essas coisas aos sábios e inteligentes e as revelaste aos pequeninos. Sim, Pai, bendigo-te porque assim foi de teu agrado" (Lc 10,21).

Como não ser grato a Deus, quando ele nos concede todos os bens em Jesus Cristo? Como não elevar aos céus nossas mãos e nosso coração para reconhecer tantas provas de amor e dar graças por cada um dos dons recebidos, antes mesmo da graça do batismo? A vida é um presente de Deus, que pela força de seu amor manifestou o seu poder e nos deu a existência por meio de nosso pai e nossa mãe. Como em Maria, o Senhor, também em cada um de nós, fez maravilhas, porque suas obras são todas maravilhosas. Eu te dou graças. Por todo o sempre te darei graças.

Jesus tem um coração repleto de gratidão ao Pai. Antes de multiplicar os pães e os peixes para alimentar a multidão, ele ergueu os olhos ao céu para agradecer ao Pai (Mt 14,19). Antes de ressuscitar Lázaro, rendeu graças ao Pai, que sempre o ouve (Jo 11,41-42). Ele sabe que tudo o que faz é obra do Pai (Jo 5,30). São Paulo manda dar graças a Deus por todas as coisas (1Ts 5,18), porque Deus tudo realiza para o nosso bem (Rm 8,28), e dele vem toda dádiva boa (Tg 1,17). A gratidão deve permear toda a nossa vida, ser uma das nossas marcas (Gl 6,17).

É preciso deixar-se ensinar por Jesus. Acolher sua revelação. Os sábios e entendidos, segundo as coisas do mundo, nada sabem de Jesus, porque estão cheios de si mesmos. Somente ele nos conduz ao Pai. Quando estamos cansados e fatigados de ouvir a sabedoria dos homens, quando o peso da opressão do materialismo nos oprime, Jesus convida: "Vinde a mim, vós todos que estais cansados e sobrecarregados sob o peso dos vossos fardos, e eu vos darei descanso. Tomai sobre vós o meu jugo e aprendei de mim, porque sou manso e humilde de coração. E vós encontrareis descanso. Porque o meu jugo é suave e meu peso é leve" (Mt 11,28-30).

"Em mais de uma ocasião pude comprovar que não basta falar de Deus para despertar a fé. Para muita gente, certos conceitos religiosos estão muito gastos e, ainda que se trate de trazer-lhes todo o vigor e sabor que tiveram em sua origem, Deus continua como que f*ossilizado* em suas consciências. No entanto, encontrei-me com pessoas simples que parecem não necessitar de grandes ideias nem de raciocínios. Intuem logo depois que Deus é um *Deus oculto* e de seu coração nasce espontânea uma invocação: *Senhor, mostra-me o teu rosto*" (José Antonio Pagola, *O Caminho Aberto por Jesus, Evangelho de Mateus,* Petrópolis, Vozes, 2011, p. 146).

A gratidão está profundamente relacionada com a humildade. A pessoa autossuficiente não tem porque agradecer, uma vez que se sente possuidora de tudo. Ser grato é reconhecer que tudo recebeu e que, sem Deus, sua vida não tem sentido. Se Deus nos constituiu administradores dos seus dons, somos apenas servos como quaisquer outros; fizemos o que devíamos fazer (Lc 17,10). A gratidão é a virtude dos fortes, daqueles que têm a grandeza de reconhecer que, sem Deus, sua vida não tem sentido. O coração de quem agradece é parecido com o coração de Deus.

Cântico de Efésios 1,3-10

Bendito e louvado seja Deus,
o Pai de Jesus Cristo, Senhor nosso,
que do alto céu nos abençoou em Jesus Cristo
com bênção espiritual de toda sorte.
R.: Bendito sejais vós, nosso Pai,
Que nos abençoastes em Cristo!

Foi em Cristo que Deus nos escolheu,
já bem antes de o mundo ser criado,
para que fôssemos, perante a sua face,
sem mácula e santos pelo amor.
R.: Bendito sejais vós, nosso Pai,
Que nos abençoastes em Cristo!

Por livre decisão de sua vontade,
nos predestinou, através de Jesus Cristo,
a sermos nele os seus filhos adotivos,
para o louvor e a glória de sua graça,
que em seu Filho bem-amado nos doou.
R.: Bendito sejais vós, nosso Pai,
Que nos abençoastes em Cristo!

É nele que nós temos redenção
dos pecados, remissão por seu sangue.
Sua graça transbordante e inesgotável
Deus derrama sobre nós com abundância,
de saber e inteligência nos dotando.
R.: Bendito sejais vós, nosso Pai,
Que nos abençoastes em Cristo!

E assim ele nos deu a conhecer
o mistério de seu plano e sua vontade,
que propusera, em seu querer benevolente,
na plenitude dos tempos realizar:
o desígnio de, em Cristo, reunir
todas as coisas, as da terra e as do céu.
R.: Bendito sejais vós, nosso Pai,
Que nos abençoastes em Cristo!